Megumi Kanzaki

神崎恵

THAT IS WHY SHE LOOKS SO SEXY.

あの人がいつも色っぽいワケ

「なんか気になる女」になる。

PROLOGUE

「美人」より「色っぽい女」が最強

目が大きい、顔が小さい、足が長い、腕が細い……
美しいと言われる条件はたくさんある。
けれど、何より心を奪い、何度も「会いたい」と思わせるのは、
そんな造形の精度ではなく、
そのひとを取り巻く空気の色や質感や温度なのだと思う。
取り巻く空気——これは、そのひとの触れ心地であり、
抱き心地であり、匂いであり、味。この空気に触れるだけで、
そのひとの、ひととしての生き方に触れたような気持ちになる。
服を着ているとき、着ていないとき、オンのとき、オフのとき、

もしこのひとに触れたら……もし一緒に過ごしたら……と、
24時間まるごと妄想させてしまう。
「妄想」は、ある意味最強。
本能が惹かれなければ始まらないこの心の動きは、
ただ綺麗なだけでは、絶対に動かせないものだから。
出会ってしまった瞬間、どうしようもなく惹かれ、
まるで恋しているような心地にさせられる。
これこそが色気の正体。
「あのひと、綺麗なわけじゃないけど、なんか色気があるよね」
「なんだかわからないけど気になるんだよね」
こんなふうに、理由もなく、
はっきりと言い切ることができないものこそが「色気」。

美人は3日で飽きるというけれど、
確かにただ綺麗なだけでは色気に勝てない。
色気とは、顔や体のつくりとは関係なく、
どうしようもなく気になってしまう引力のようなものだから。

誰もが身につけられる魅力ではあるけれど、
明確に目に見えるものではないからこそ、育てるにはコツがいる。
理想は、起き抜けの朝から色っぽいひと。
着飾らなくても、素顔も色っぽいひと。
生き物としての色っぽさのあるひと。
この色気がどうやったら育つのか、
どうすれば手に入れることができるのか、考えた。
いろいろと試し続けた中で、なにより効果的だったのが、色気の要素を体に染み込ませるというプロセス。
メイク、服、声、仕草に肌。
いたるところに毎日それをまとっていく。
そうすることで、どんどん体や感覚に
「色気の要素たち」が染み込んでいく。
そして気がついた頃には、意識しなくても、
素の自分が色気を放ち始める。

色気さえあれば、世界一の美女とも渡り合える。
この本では、そんな、無敵だけれど手に入れるのは難しい、
「色気の育て方」を紹介したいと思います。

神崎恵

STEP 1

LIP

思わず目を奪われるような唇になる

STEP 2

EYES

潤んだ瞳で吸引力のある目元になる

CONTENTS

STEP 3

SKIN

しっとり吸いつくような肌になる

STEP 4
BODY
ラインと質感で触れたくなる体になる

CONTENTS

STEP 5

FASHION

女にしか着れない服を着る

CONTENTS

STEP 6

MIND

内側からにじみ出るエロスを手に入れる

CONTENTS

STEP 1

LIP

思わず目を奪われるような
唇になる

LIP 1 /9

上唇のふちを
盛るほど
色っぽくなる

HOW TO FAKE FULL LIPS

石原さとみ、井川遥、ペネロペ・クルス、スカーレット・ヨハンソン。女の濃度を強く感じさせる女たちは、みな上唇がふっくらと鼻に近い。

近年の美容クリニックでは、上唇の輪郭の外側にコラーゲンを注入し、ボリュームを蘇らせて、鼻と口の距離を縮めるというメニューもあるくらいだ。

これをたった数秒で自分の力で実現する方法がある。

必要なのは、コンシーラーとしっかり色がついておちにくい、マットなリップクレヨンかペンシル、そして同色系のリップかグロスの三つ。リップメイクにこれらのアイテムとちょっとしたプロセスを入れるだけで、唇は息を吹き返し、顔が生まれ変わる。

選ぶときには唇に皮脂腺や汗腺がないことを考慮して、コンシーラーは絵の具くらいの柔らかいタイプを選ぶこと。最初にコンシーラーで丁寧に輪郭を消したら、リップクレヨンかペンシルで、思いきってオーバー気味にふっくらした輪郭を描き、中までしっかり色をのせる。素の唇と境目が出ないよう塗ったら、最後に同色系のリップかグロスを重ねて艶を出す。

上唇のたった数ミリで生まれる濃厚な色気。やらない手はないと思う。

強制的に目を奪うリップの存在感

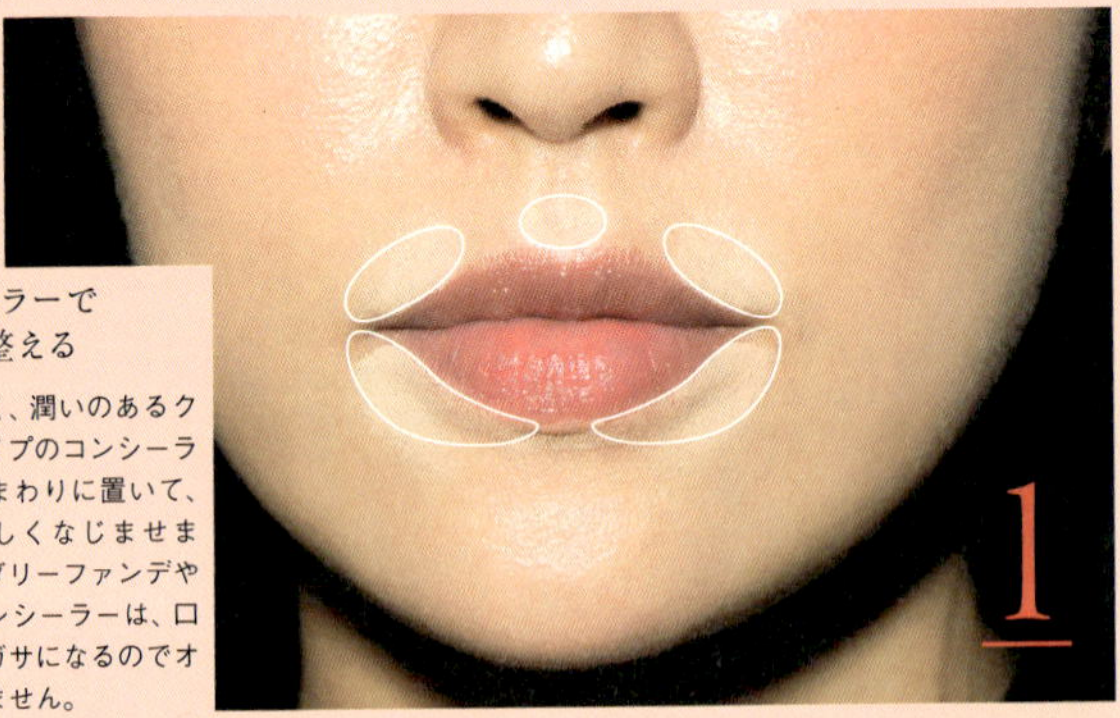

コンシーラーで輪郭を整える

ごくゆるく、潤いのあるクリームタイプのコンシーラーを輪郭まわりに置いて、指でやさしくなじませます。パウダリーファンデや固めのコンシーラーは、口角がガサガサになるのでオススメしません。

上唇にオーバー気味に輪郭をとる

マットな質感のリップクレヨンかリップペンシルで、上唇の輪郭をオーバー気味に描きます。最大でも2ミリ以内にすると自然に。

しっかり色をのせる

リップブラシにリップをたっぷりふくませて、そっと唇の上にのせていきます。何度も重ねると色づきがムラになるので、1度でたっぷり塗るのがポイント。

使用コスメ_
リップクレヨン:ローラ メルシエ ヴェロア エクストリーム マット リップスティック バイブ
リップ:スック モイスチャー リッチ リップスティック 01

LIP 2 /9

唇の形で変える色気の香り

HOW TO APPLY LIPSTICKS PERFECTLY

唇はふっくらボリューミーなほどいい。でもリップカラーによっては、ときにボリュームのバランスを調整する必要があることを覚えておきたい。

唇に引力を持つひとは、上唇にしっかりボリュームがあって、フォルムもふくよか。つまり、上唇の輪郭によって顔の印象にバリエーションが出る。

深い色、鮮やかな色のときは、色自体がすでに重めの女っぽさ。上唇のボリュームも女の重さが出る場所なので、ここをふっくらさせすぎてしまうと、唇自体の女っぽさ×色の女っぽさで色気過多になってしまう。色気の分量を間違えると品が下がってしまうから、濃い色をまとうときには、あえてラインをシャープにとること。膨らみを削ぐことで、女っぽさと強さのバランスがとれ、「凛とした中にも深い女らしさ」が表現できる。

淡いカラーには、ふっくらライン。ふっくらと丸みを持たせた上唇は、やさしさや包容力、そして温かな女っぽさが出る。淡いカラーには、甘さややさしさはあっても女っぽさは軽め。なので、ここをふっくらと調整することで、可愛さと女っぽさのバランスがとれ、「可愛いけれどいい女」の唇に。

上唇の描き方を変えるだけ。それだけで二つの色気が手に入る。

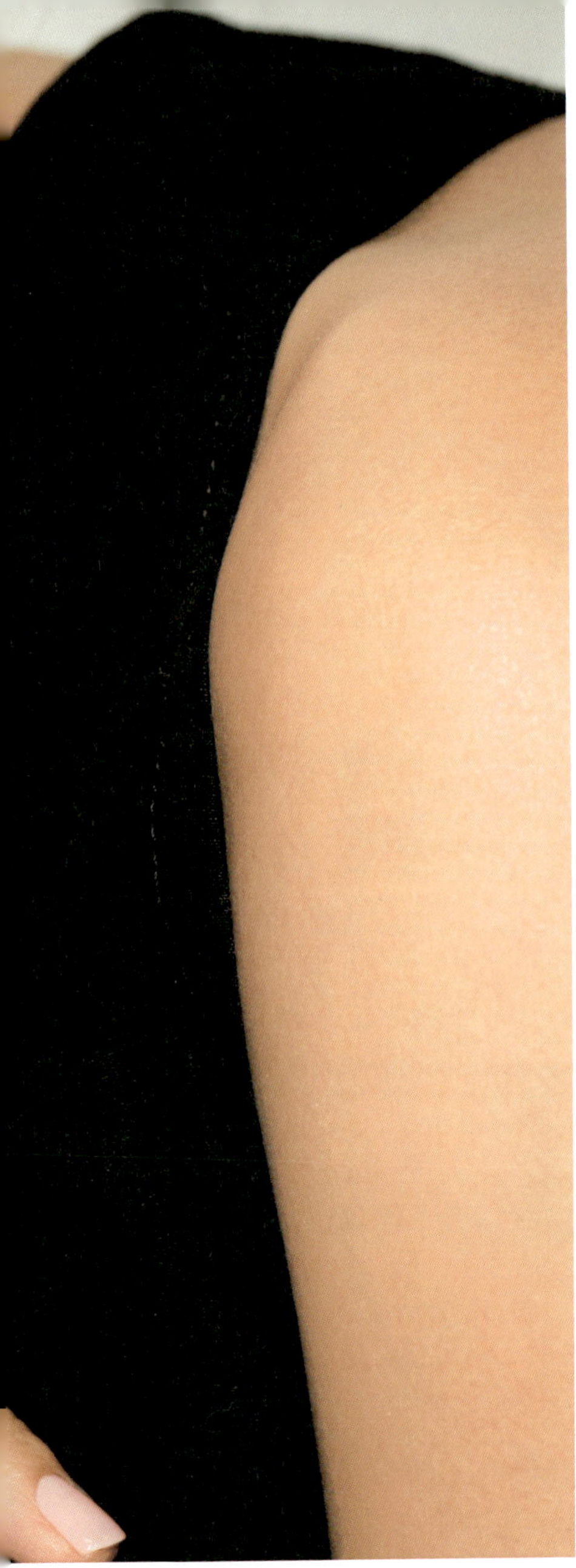

濃い色は輪郭をシャープに

濃い色を塗るときには上唇の輪郭をシャープにとるのがポイント。
カーブをつけるとグラマラスを超えて
ウェットな人に見えてしまうので、あくまでキリッと。

使用コスメ　リップ：スック モイスチャー リッチ リップスティック 10

淡い色は上唇にボリュームを

淡い色のリップはマットすぎず、適度なツヤ感があると、より柔らかな女らしさが出ます。

使用コスメ_ リップ:スリー リリカルリップブルーム 01

LIP 3 /9

素の唇の色を透けさせる色を選ぶ

THE LIPSTICK THAT ENHANCES
NATURAL COLOR OF YOUR LIPS

自分の唇を最高に色っぽく見せる色を1色選んでください、と言われたら、迷わず思い浮かべる色がある。それは、色気色の代表と思われている真紅でもプラムでもなく、ルージュ以下、リップクリーム以上の少し赤みを含んだ半透明の血色ルージュ。

その色づきは透明感にあふれ、色といえばほのかに赤みが出るくらい。みずみずしい艶が自分でもうっとりするくらいの立体感と、むちっとしたボリュームを感じさせてくれる。

でも、わたしがその色を選んだ一番の理由は、素の唇をそれはそれは色っぽく透けさせてくれること。素の唇の色にほのかな血色感が重なる。その具合がものすごくいい。

素肌と素肌を重ねたときのような、微熱感や高揚感を色にしたら、きっとこんな色だろうと想像できる色に仕上がる。

本来、素の肌の色こそが色気のある色。それを隠さずうっすらと透けさせながらも熱っぽくしたときの、透明感あふれる色っぽさは格別。だから、オシャレとか、ファッションとかではなく、「とにかく色気のある唇」が欲しいときには、透け色を選ぶこと。

透け色は、素肌の色と混じることで自分の肌になじみ、似合う色が完成するというのも嬉しい。

使用コスメ_
リップ:キッカ メスメリック
リップスティック 41

ほんのり赤みリップで むっちり感を

赤みリップは透け感が重要。色を選ぶときには必ず自分の顔にのせて、顔色がくすまないか、肌がキレイに見えるかどうか、試してみて。シアーなリップは輪郭を1ミリはみ出しながら、直にぐりぐりと唇の上を何度もいったりきたりさせながら“こってり”仕上げると、唇に透明な厚みがでて、最高に色っぽい唇が完成します。

LIP 4 /9

ふっくら血色唇の取り戻し方

HOW TO MAKE YOUR LIPS PINK

できるなら、何も塗らずとも色気のある唇を育てたい。

唇というものは、年々、ボリュームをなくし、薄くなり、しぼみ、色をなくし、輪郭をぼやかしていく。こうして唇が生気を失うことで、肌はたるみを増したように見え、その他のパーツも小さく見せ、顔全体の艶が削がれていく。

年齢のせいにして成り行きにまかせるのもいい。けれどそれでは、10年もしないうちにおばあちゃんのような唇になってしまう。女の生気を握るのは唇だと知っているからこそ、肌と同じように、唇を育て続けていきたいと思う。

唇は肌の数倍の速度で老化すると言われているパーツ。皮脂腺もなくデリケートで、粘膜がこれほどまで無防備になっているパーツは他にない。だからこそ、心を込めたケアが重要。

なによりも、**唇の皮膚の生まれ変わりも肌の数倍の速さで行われているから、ケアをしたらしただけ、その効果も早く実感できる。**

わたしが今まで試してきた中で効果を実感したケアは、スクラブ＆マッサージ。週に1〜2回は唇のスクラブをし、リップバームを塗ったときにはくるくると小さな円を描くようにマッサージして、唇全体の血行をよくする。

そして、なんといっても保湿。ただ膜を張って保護するものではなく、**唇自体の血行を促進し、ボリュームや血色を育てる唇用美容液がいい。**代謝を促進してくれる唇専用の美容液なら、カサつきや皮むけを防止できる。それを、ことあるごとに塗る。話す前、話した後、スキンケアのとき、食べる前、食べた後、眠る前などなど。**乾いたと実感する前に、1日最低10回は塗り足す。**

こうすることで、素の唇に驚くほどふっくらとしたボリュームがよみがえって、艶と血色までもが戻ってくる。

唇の乾燥は、肌の乾燥の5倍は顔をカサつかせて見せてしまう。だから、唇はいつだって、うるうるに潤っていたい。

わたしもこの「ちょこちょこ塗り」を始めて数ヶ月。唇の見え方が変わってきたように感じる。「唇が素敵です」と言っていただけることも増えたし、似合うリップの色も増えたように思う。おまけに、**顔の印象まできゅっとしまり、女っぽくなったよう。**

40代でもケアひとつで変えられる唇。素でも色っぽい唇を目指したい。

LIP 5 /9

うっすら縦ジワを残す

GET THE GLAMOROUS LIPS

唇はぷっくりと中が満たされ、ボリュームがある方がいい。けれど中身を入れすぎたようなパンパンに張った唇は、人工的でまったく色気を感じさせない。**生っぽさがあってこそ、唇は色気を放つ。それが、縦ジワ。**

うっすらと均等に縦に並んだ浅いシワ。これがバストの谷間のような効果を出す。**そのシワがあるからこそ、ボリュームと柔らかさが際立って見えるというわけ。**たとえばアンジーの唇があんなに官能的なのは、シワがあってこそ。

そして反対に、シワを感じさせないくらい、パンパンに張っている唇に違和感や気持ち悪さは感じても、色気を感じたことはないと気づくことができるはず。

ナチュラルでいて色っぽい唇のボリュームを作り出すので有名な、ある医師に取材をしたときも、「張りすぎちゃダメ、ふっくらしながらも、うっすらとシワが残るくらい。子どもの頃の唇に戻すくらいがいちばん可愛い唇」と話していたのを鮮明に覚えている。

この縦ジワをいい具合に出すリップのポイントは、**両サイドから少し力を入れながら、唇のボリュームを中心に集めるように塗ること。**バストを中心に寄せて上げる感じ。こうすることで、シワが綺麗に並び、真ん中に向かって唇の立体感も出てくる。最後にんーぱっと少し力を加えることで、唇に刺激が加わり、ぷくっとしたボリュームが生まれる。

生っぽさのあるグラマラスな口元に

1

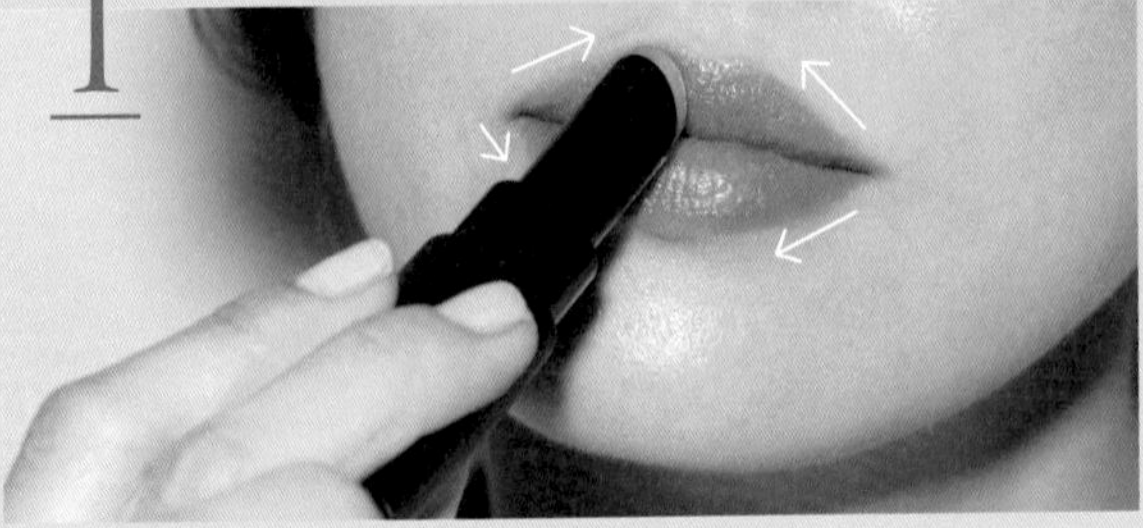

中心に向かって寄せるように塗る

輪郭はとらず、リップを唇の端に当て、中心に向かって寄せるように塗る。
ちょっと唇に押しつけるようにすべらせると、立体感が出てグラマラスな唇に。

2

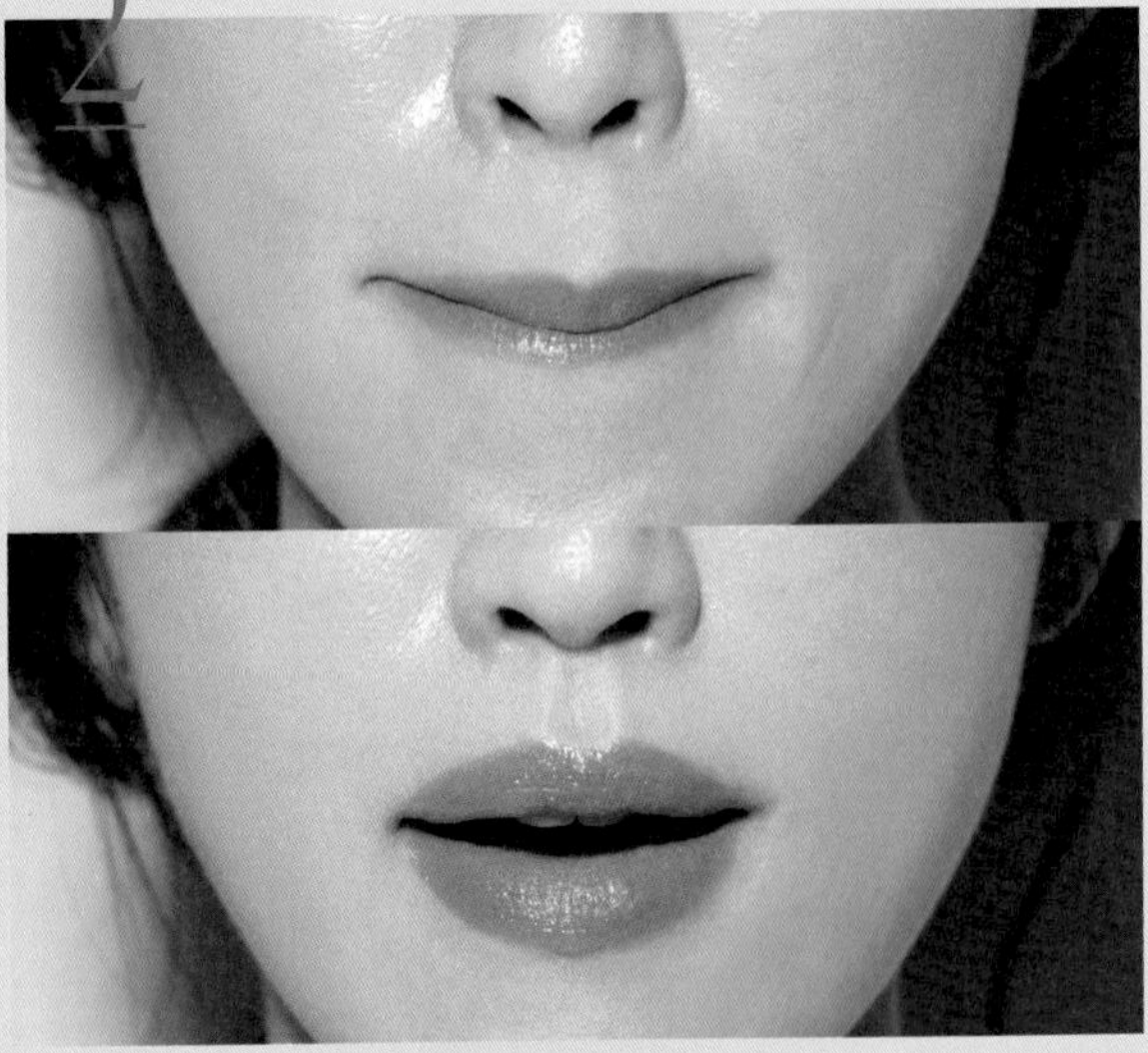

「ん〜」と唇を合わせて「パッ」と離す

上下の唇を合わせてぐっと力を入れて「ん〜ぱっ！」を繰り返します。
縦ジワにもリップがなじんで生っぽさが出てきます。

使用コスメ_
リップ:コスメデコルテ ザ ルージュ BE352

LIP 6 /9

やりすぎない唇でいたい

YOU SHOULD NOT DO THIS KIND OF THING

美しい唇の話をしてきたけれど、ここでは残念な唇の話をしておきたい。

唇は、うまくすれば女性の美しさを10倍は引き上げてくれる。

ただし、この効果は逆においても発揮されてしまう。残念な唇は、女から艶っぽさを10倍減で奪ってしまう。

たとえば、常に完璧な唇。いつでもツヤツヤでシワ一つなく、食べても喋っても絶対に落ちない……これは、「綺麗なひと」かもしれないけど、「色っぽいひと」ではないと思う。

メイクも、夕方頃になって、メイクが崩れかけて素顔が見えてくる感じ、その人が朝メイクして作った「社会的な顔」と、「素の顔」が混ざり合った感じ、これが最高に色っぽい。

男性が女性を見るとき、顔の中で一番長く見ているのは唇というデータもあるほど、唇は見られている。だからこそ、きっちりすぎるメイクは、ときに鎧になってしまう。素の唇が透けて見えるくらいの方が、相手に心を開いている印象になるし、ひととしての魅力を垣間見せることができる。

だから、リップが落ちることを気にしてしょっちゅう塗り直すのではなく、**落ち際が綺麗なリップを選んで、崩れ際の色気を楽しむのも大人の女の余裕。**

最近はティントリップが大きく進化して、唇に着色の心配もなく、適度な色残りを楽しめるものが増えた。テカテカほどではなく、**適度なツヤもありつつ色づきも鮮明なロングラスティングのものを選べば、落ちてきても顔色が悪く見えることもない。**落ちていくリップも含めて、どの瞬間も綺麗な唇を目指したい。

塗るだけで唇をボリュームアップできるプランパー効果のあるリップの中にも、眠る前に塗ることでトリートメント効果を発揮してくれるものもある。唇がふっくらするだけで、ぼやけていた顔の輪郭も鮮明になるからこそ、飾ることより素の唇を大切にケアして、「やりすぎ」ないようにしたい。

そして最後に、**「注入しすぎの唇」も要注意。**クリニックでのヒアルロン酸注入を悪いことだとは思わない。けれど、加減は大切。シワのまったくないぱんっと張り切った唇は、不自然で不気味に見えてしまう。

ヒアルロン酸注入をするならば、「十代の自分の唇」に戻すくらいがちょうどいい。ふっくらとして、薄い縦ジワがほんのりあるくらい。

唇はほんの数ミリで大きく印象が変わってしまうからこそ、主観ではなく、客観的な視点をもって、美しさのバランスを調整することが大切。

LIP 7 /9

目の前でリップを塗るしぐさで視線を集める

THE GESTURE THAT MEN FIND CUTE
ABOUT WOMEN

20年くらい前に見た、忘れられない写真がある。昨年引退を発表した、日本を代表する女性歌手の1枚。姫のような椅子に座り、長く艶やかな髪を身にまとうようにおろして、小さな手鏡に向かってルージュをひくその光景の美しさ。何度も何度も眺めては、なんて女っぽく色っぽい瞬間なのだろうと心溶かされた記憶。

ルージュをひくときには、今まで何度も何度もその光景をリマインドしてきた。**ルージュをひくときに唇に手や指を添えると、口元に意識が誘導され、見つめずにはいられなくなる。**そこに艶っぽく色づく唇があったなら、体温がじわっと上昇するのは男も女も同じだと思う。これみよがしではなく、唇に色をのせるという目的があるから、いやらしくなく、あざとくなく、その色気と美しさが目に染み込む。

人前でメイクをするのはマナー違反かもしれないけれど、たとえばそれがポットタイプで指でとんとんとのせることができるものや、リップクリームのようなものなら、マナー違反とまでいかず、しかも可愛い。**とんとんと指先でやさしくタップするごとに、唇の柔らかさや艶がフォーカスされる。**

唇に色や艶をまとうのは、女にしかできないこと。そして、そのたびに「わたしは女」だという色気が、自分自身にも他のひとにも届く。

鏡がなくても塗れる薄い色を選ぶのがコツ

鏡を見ると途端にあざとく見えるのがこのしぐさ。唇をやさしくタップして、柔らかさを妄想させて。

使用コスメ_
リップ:プレイリスト インスタントリップヴェール50

LIP 8 /9

夜は
アイメイクをおさえて
リップを強調する

DON'T WEAR TOO MUCH EYE MAKEUP
AT NIGHT

夜は新しい顔を作りやすい。夜という暗さ、空気の匂い、湿度、照明、すべてが日中のそれと明らかに違うから、簡単に違う顔、新しい顔に着替えることができる。

今まで何度も、**「女はいくつもの顔があった方がいい」**と提案してきたのは、顔の種類だけ、恋に落とす確率も、欲しいものを手に入れる可能性も広がるから。たとえば顔が三つあれば、三倍の可能性と三つの生き方が広がる。だから、夜のシーンを利用して、まずは一つ、顔を増やすことを提案したい。

ここで鍵になってくるのが、唇。唇は、顔の印象の大部分を握っているパーツ。リップの色や質感を変えるだけで、簡単に印象をガラリと変えることができる。

夜のお出かけで、いつもよりちょっと女っぽくしたい、というときには、ちょっと濃い目のリップがいい。**夜の光は人との距離を近づけ、見つめる照れくささも消す。そして唇の存在感が増すので、昼間よりずっと印象的な顔になれる。**

ただし、深い色の唇には重みが出るので、そのぶん目元は軽めに。そうすると、「プロの女」っぽくならずに「いい女」になれる。**アイカラーはまぶたの素肌が透けるくらいのものを。**みずみずしくて、濡れ感のあるカラーを選ぶと、ライトがあたったときや伏し目にしたとき、うるっとした色気を出してくれる。

目元のヌケ感で リップがドラマティックに

淡いシャドウのみのアイメイクで目元にヌケ感を出すと、マットで鮮やかなリップがより女っぽく。夜の唇はツヤツヤしすぎない方が重くならないし、取れにくいから食事のときも安心。アクセと唇を主役にしたからヘアは盛らずにナチュラルがマイルール。

使用コスメ_ リップ：ランコム ラプソリュルージュ 198

LIP 9 /9

ベージュ
という色気

BEIGE IS SO SEXY

ベージュをつけこなす女は本物だと思う。

一見やさしく無難に見えるベージュ。服でも、アイカラーでもリップでも、冒険も失敗もしたくないからベージュ、という選択をするひとも少なくない。

けれど、ベージュは一見おとなしく、扱いやすそうに見えるけれど、実はかなり難しい色。

日本人の肌の色に近く、ある意味「色がない」から、肌をくすませたり、馴染みすぎてしまったり、地味になったりと、正しく扱わなければ、美しさへはつながらない色。

だからこそ、つけこなせたときの美しさは格別。大げさではなく息を呑むような美しさを放つ。

正しいベージュの使い方をすると、肌が柔らかく透明に見え、清楚で知的な雰囲気を感じさせ、瞳や髪までまろやかに見える。

このいい女感が出せるのはベージュならでは。

たった1色で、ここまで変わる女の印象。だから、わたしはベージュに焦がれる。

今まであらゆるベージュを試し、自分の顔でつけこなす方法を探してきた。

そう、似合う色との出会いを待つのではなく、つけこなす方法を見つける方が、よほど明快で確実。

できれば、二つのベージュをつけこなしたい。

一つは白を含んだヌードベージュ。

そしてもう一つが、コクッと深みのあるブラウンベージュ。

どちらもポイントは同じ。

ベージュを唇にまとう場合、顔色が悪くならないよう、カバー力のあるファンデーションで肌を整え、少し赤みを含んだ淡いベージュトーンのチークを広めにひろげる。

そして顔の中に色のポイントがなくなるため、目元はブラウンシャドウを使って深みを出し、顔にメリハリをつける。上まぶたはもちろん下まぶたにも色をのせ、より深み増し。インサイドラインも入れ、口元の静かさと対極になるくらい、しっかり仕上げる。

こうすることで、深い目元、抑えた唇、透き通る肌のどれもが美しく調和する。

静かなだけでは終わらない。他の色には絶対に出せないベージュの色気。

ベージュをつけるときには、他の色を加えず、目、頬、唇と、あえてワントーンで仕上げた方がいい。その方がベージュの透明感と発光感が際立つ。

ヌードベージュをつけこなす

ヌードベージュをキレイに見せるには、肌をしっかり作り込むのが一番のポイント。目元もしっかりメイクして強さを出すと、いい女感のある仕上がりに。やや赤みのあるものを選べば顔色が悪く見えません。
使用コスメ_ リップ:ディオール ルージュディオール 426

こっくりベージュをつけこなす

ブラウンがかったベージュは、輪郭をしっかりとるのがポイント。肌のトーンが均一になるよう丁寧に整えると、端正な仕上がりに。使用コスメ_ リップ:ローラ メルシエ ヴェロア エクストリーム マット リップスティック フィアス

STEP 2

EYES

潤んだ瞳で
吸引力のある目元になる

EYES 1 / 8

色気は
盛って整えるより
削いで整える

LESS IS BEAUTIFUL

色気が欲しいなら、**顔の中には目に見える線や色はない方がいい。色気は「質感」から湧き出るものだから。**

しっとりとした肌の艶、まぶたの濡れ感、唇の柔らかさ、そういった女性を感じさせる質感。そこに強いアイラインや不自然すぎるほど長いまつげ、濃すぎるチークが加わると、そればかりが目立ってしまい、せっかくの質感が隠れてしまう。

だから、**色気を出すなら、線や色の存在感より質感重視。**たとえば、石田ゆり子や井川遥のような、これみよがしに作り込んでいないのに、一つ一つのパーツから、女の質感がちゃんと滲み出ている感じ。これは、あえて作り込まないことでしか出せない空気。

ただ、間違えたくないのは、**作り込まない＝何もしないわけではないこと。**女性だけが持てる質感を、隠しすぎないよう、形を変えすぎないよう、美しく見えるように整える工夫をすること。

そしてこれからは、毛穴とか、目の大きさとか、シワの有無だけにこだわるような、「綺麗への基準」を更新したい。

一緒にいたい、何度も会いたい、と思われるような人になるためには、今の年齢に心地よくフィットする美しさの見せ方を知ることから始まるのだと思う。

EYES 2 / 8

まつげの角度で 色気の分量を はかる

CHANGE THE ANGLE OF
YOUR EYELASHES

目元の憂いといえば、まつげ。色っぽくて魅力的な顔になりたいなら、全力でまつげを上げて、マスカラを塗り重ねる重い目元は卒業したい。がんばっていないけれど色っぽい、艶っぽい。艶やかだけど可憐さや儚《はかな》さも感じさせるような力の抜けた眼差《まなざ》しを作るには、正面から見たときに、まつげの根元が見えないようにすること。中間から毛先が見えるくらいまででストップすること。**横から見たときにはCカールではなくJを描くような緩やかなカーブに。**そのカールを作るためには、ビューラーのかけ方が重要。56ページのように、各方向にビューラーを傾けて、全方位に広がるようにセパレートなまつげを作る。

形をキープしたいときには、**マスカラの仕上げにホットビューラーで微調整しながらカールを記憶させると、長時間ゆるっとしたまつげがキープできる。**

その後、眼差しに潤みを加えるなら、根元のマスカラづけ。粘膜に触れるくらいの根元に**マスカラ液がたっぷりとつくようにブラシを当てて数回バウンドづけ。**こうすると、生まれつきまつげが多いひとに見えるし、目元に影ができることで瞳が潤む。

一方、大人のしっとり感を出すなら、**目尻のまつげにマスカラを重ね、横に長さを出す。**マスカラを重ねるときには、こめかみに向かってブラシを抜き、塗り重ねることで流れるようなラインに。

ビューラーを使いこなして扇形のまつげを作る

使用コスメ_
アイシャドウ:ルナソル マカロングロウアイズ 03／マスカラ:ディーアップ パーフェクトエクステンション マスカラ／リップ:ボビイ ブラウン オイル インフューズド リップ カラー 02

目尻

目尻のまつげがしっかり挟めるような角度でまつげを挟んで、4段階に分けて目尻方向に向かってカールさせていきます。ひじは固定して手首のみ返すように角度を変えるのがコツ。

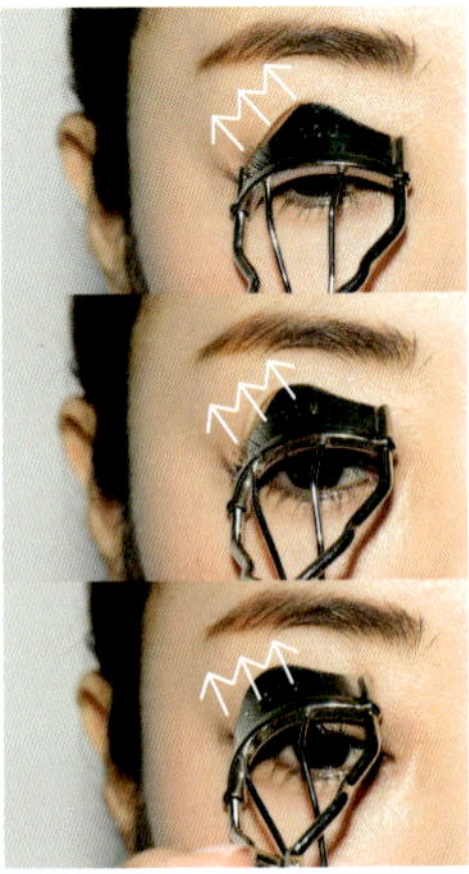

目頭

目頭のまつげが挟めるようにビューラーを斜めにしてまつげを挟み、4段階に分けてズラしながら目頭もしっかりカールします。ぱっちりした目元のためには目頭のカールも大切に。

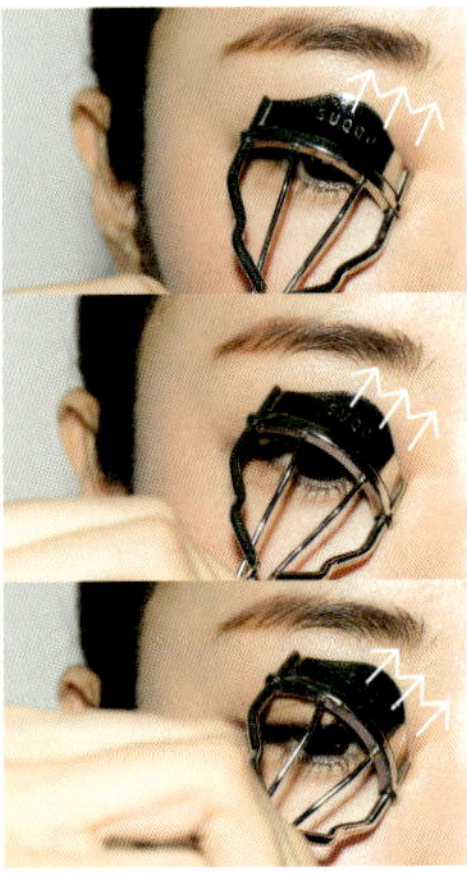

中央

まっすぐまつげを挟んで、根元から4段階に分けて、少しずつまつげを全体的に上に向かってカールします。

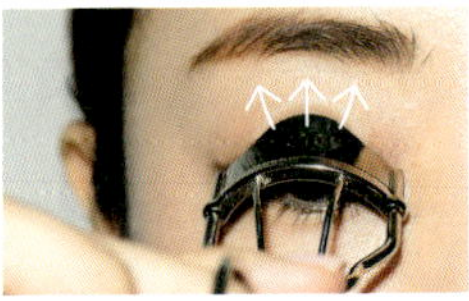

根元にマスカラをたっぷりつけると目元が潤む

使用コスメ_アイシャドウ:ディオール サンク クルール 647／
マスカラ:クリニーク ラッシュパワーマスカラ ロングウェアリングフォーミュラ 01／
リップ:クレ・ド・ポー ボーテ ブリアンアレーブルエクラ 3

根元にたっぷり塗る

マスカラを塗るときには、根元にブラシを入れ込んで、左右に動かしたりバウンドさせて、たっぷり液をつけてから、上に伸ばしていきます。目の内側の粘膜にブラシが触るくらい入れるのがコツ。根元はしっかり、毛先にいくほど軽くした方が、目元の印象が深くなります。

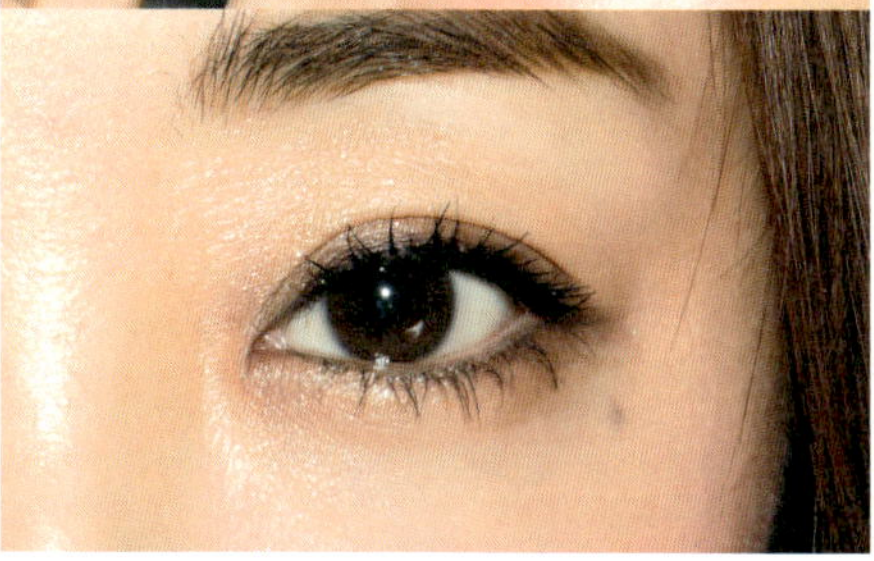

毛先は繊細に仕上げる

目の縁が強くなることで、光を集めて潤んだような瞳に。

横長の目元で天然の流し目に

目尻に長さを出して

目の中心にあるまつげを上に上げすぎてしまうと甘い印象になり、色気が削がれてしまうから、全体はさらっとセパレートに仕上げて、真ん中はむしろ上からマスカラを塗ってダウン気味に。そうすることで、かえって目尻の長さが目立つようになります。ボリュームタイプよりロングタイプの方が目尻が印象的に。

使用コスメ_ アイシャドウ:セルヴォーク ヴォランタリー アイパレット08／マスカラ:エレガンス フルエクステンションマスカラ BK10／リップ:アディクション リップスティック シアー 008

EYES 3 / 8

ふさふさの眉で
意志を
感じさせる

GROW YOUR EYEBROWS THICKER

女にとって、柔らかさや包容力と並んで必要なのが、意志の強さ。柔らかさと強さを持ち合わせてこそ、大人の色気は完成する。内面でそのバランスがとれていることが大切だけれど、メイクでも、それを感じさせたい。

ポイントは、眉。理想は、毛がふさふさと豊かで毛流れが見えて、全体的にスクエアのフォルムであること。なかでも、眉頭の風合いが鍵。**眉頭の毛量と形、角度で印象が驚くほど変わる。**

眉頭の毛はできるだけ伸ばし、ふさふさ感を出したい。少ない場合は、細いリキッドアイブロウペンシルなどで1本1本リアルな毛を描き足すこと。もしくは繊維入りのアイブロウマスカラを使うとフサフサ感が出せる。

ブラウンのアイブロウマスカラで全体の毛流れを整えたら、まつげ用の黒マスカラで、眉頭だけ縦に立ち上がらせるように重ねることで、より眉頭の印象が強まる。**こうして眉頭に強さが出ることで、目の印象も鮮明に、顔全体の凹凸や印象もはっきりと濃くなる。**

眉をはっきりさせることで目を大きく見せることができるから、目に色々とメイクをしなくていいというのも利点。目のメイクをシンプルに仕上げることで柔らかさが出て、それが眉の強さとあいまって、やさしさと凛々しさの両立を叶えてくれる。

毛流れで「自立した女」に

使用コスメ_ マスカラ:スック ボリューム アイブロウ マスカラ 02／クリニーク ボトムラッシュマスカラ

眉頭の立ち上がりがポイント

眉頭は黒マスカラで真上に立ち上げます。賢さプラス、ヘルシーな色気に。

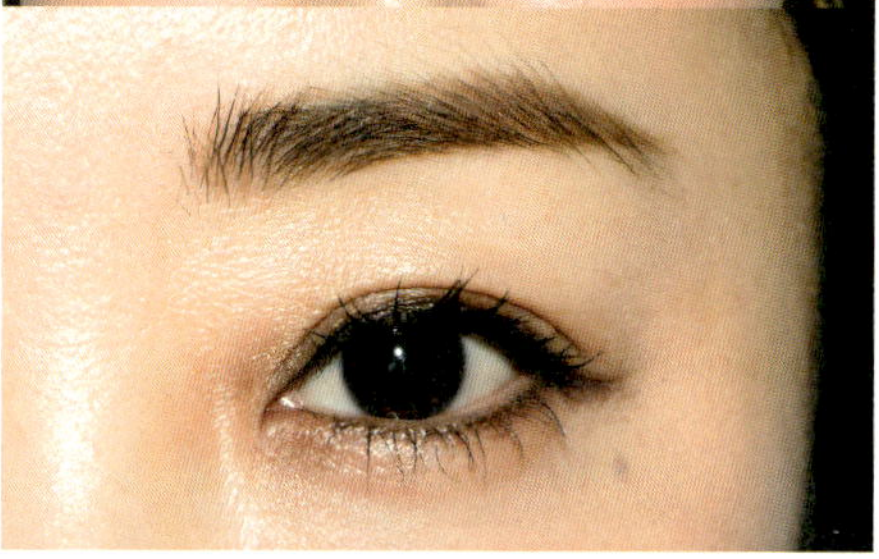

眉は細くしすぎない

全体に毛を長めに残して流れを整えてから、足りないところにペンシルやパウダーでプラス。

EYES 4 / 8

まぶたは透けさせる

SHOW THE NATURAL COLOR OF YOUR EYELID

唇でも頬でも体でも、素肌が透けるということほど色っぽいことはないと思う。

肌そのものではなく、あえて一枚まとった奥に透ける素肌。濡れ感の奥に素肌が見えたら、水遊びをした後の雫をまとっているような、湯上りのような、雨にうたれた後のような、まるで裸で優雅に泳いでいるような、そんなみずみずしい肌を連想してしまう。

絶対に見てしまう透け感、そこにまつげやアイラインといった女っぽさを感じさせる要素が集結している目というパーツ。**ここは、色気の見せ場でもある場所。**

だから、アイカラーは透け感のあるものがいい。ラメや色がまぶたの存在より目立ってしまう派手なものではなく、まぶたに溶け込むようになじむ色。マットな質感でオシャレに見せてもいいし、繊細なパールやラメで、濡れているように輝くものや、水面の輝きのように透明感のあるものでもいい。

透け感のあるものは立体感も出やすいから、伏し目や横顔の美しさが数段上がり、憂いのある色気が増す。

選ぶときには、手やまぶたに塗り、素肌の色が透け、手や顔を傾けたり動かしたりしたときに、潤むように艶めいて見えるものを選ぶこと。ストッキングで言えば、40デニールくらいの透け感が理想。

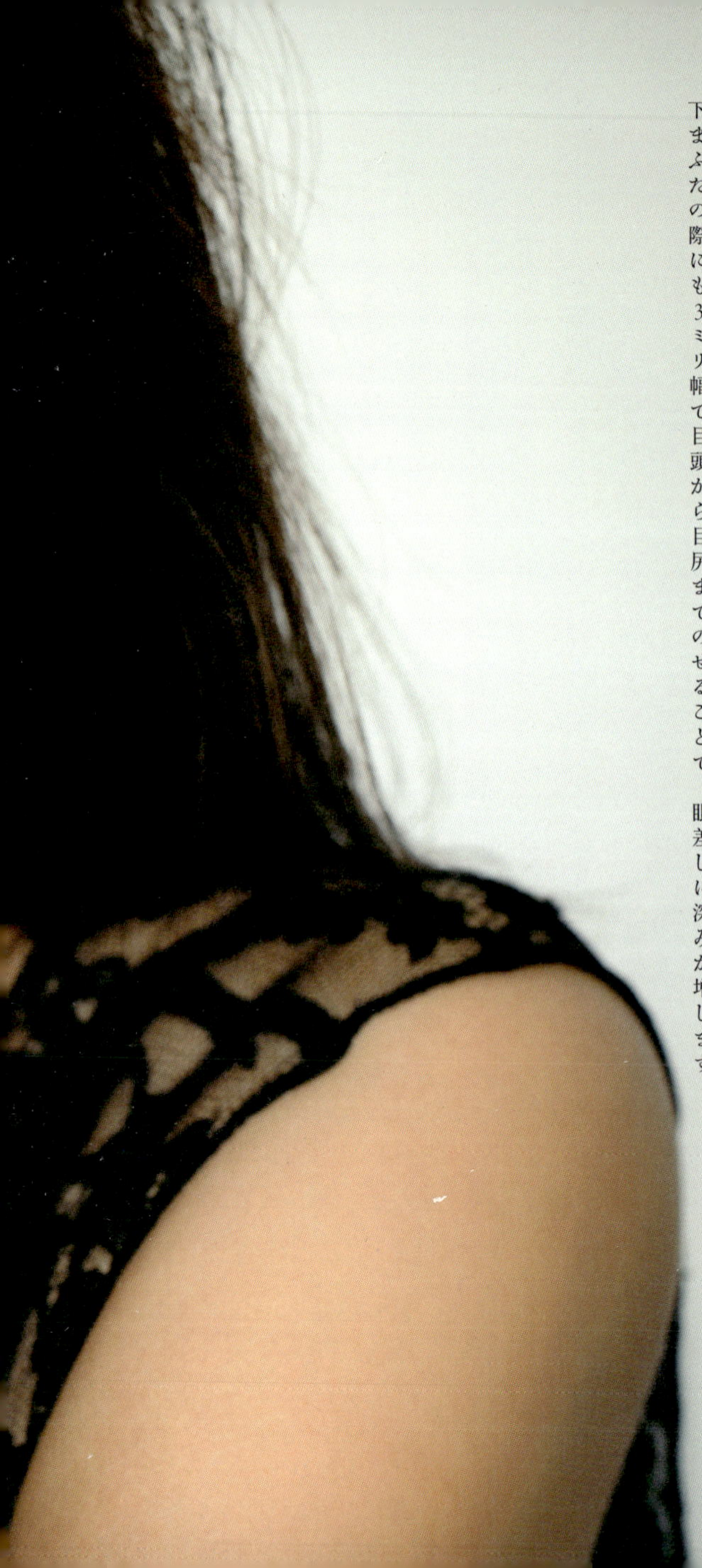

ヌードなまぶたが見えるとドキッとする

地肌が透けて見えるような色は、目の際に指でのせたら
左右に広げながらアイホール全体に伸ばしていきます。

下まぶたの際にも3ミリ幅で目頭から目尻までのせることで、眼差しに深みが増します。

使用コスメ_
アイシャドウ:コスメデコルテ アイグロウ ジェム BR381／
リップ:トム フォード ビューティ リップ カラー 07

EYES 5 /8

アイラインで女度を操る

HOW TO APPLY EYELINER
IN FOUR WAYS

メイクをするときには、必ず「今日はどんな女で過ごそうか」を決めることにしている。

柔らかな女。凛々しい女。甘い女。ヘルシーな女。やさしい女。秘めた女。

その女性像に向けて、服や小物はもちろん、リップやチークやアイラインも変える。

アイラインを強調させた鋭い眼差しは、見た目の強さだけではなく、尖った空気や攻めの印象を感じさせるし、淡いラインと丸いフォルムの目は、女性の甘さを感じさせる。

このひとはどんなひとなんだろうと感じるとき、ひとは目を見て、その奥の空気感や温度を探るもの。だから、**この目周りのメイクをどう仕上げるかによって、ひとに与える印象も大きく変わる。**

アイラインを操るために覚えておきたいのは、それぞれの違い。

- パウダーライナー／やさしくまろやかな印象。
- ペンシルライナー／柔らかさと深さを併せ持った印象。
- ジェルライナー／しっとり濃い目の女らしさ。鮮明な印象。
- リキッドアイライナー／強い女っぽさで、攻めの印象。

それぞれの質感の持つ印象、プラス色の組み合わせを考え、その日なりたい女性の印象に合わせて描くと、いつでもその日の服やシチュエーションに合わせた顔に変身できる。

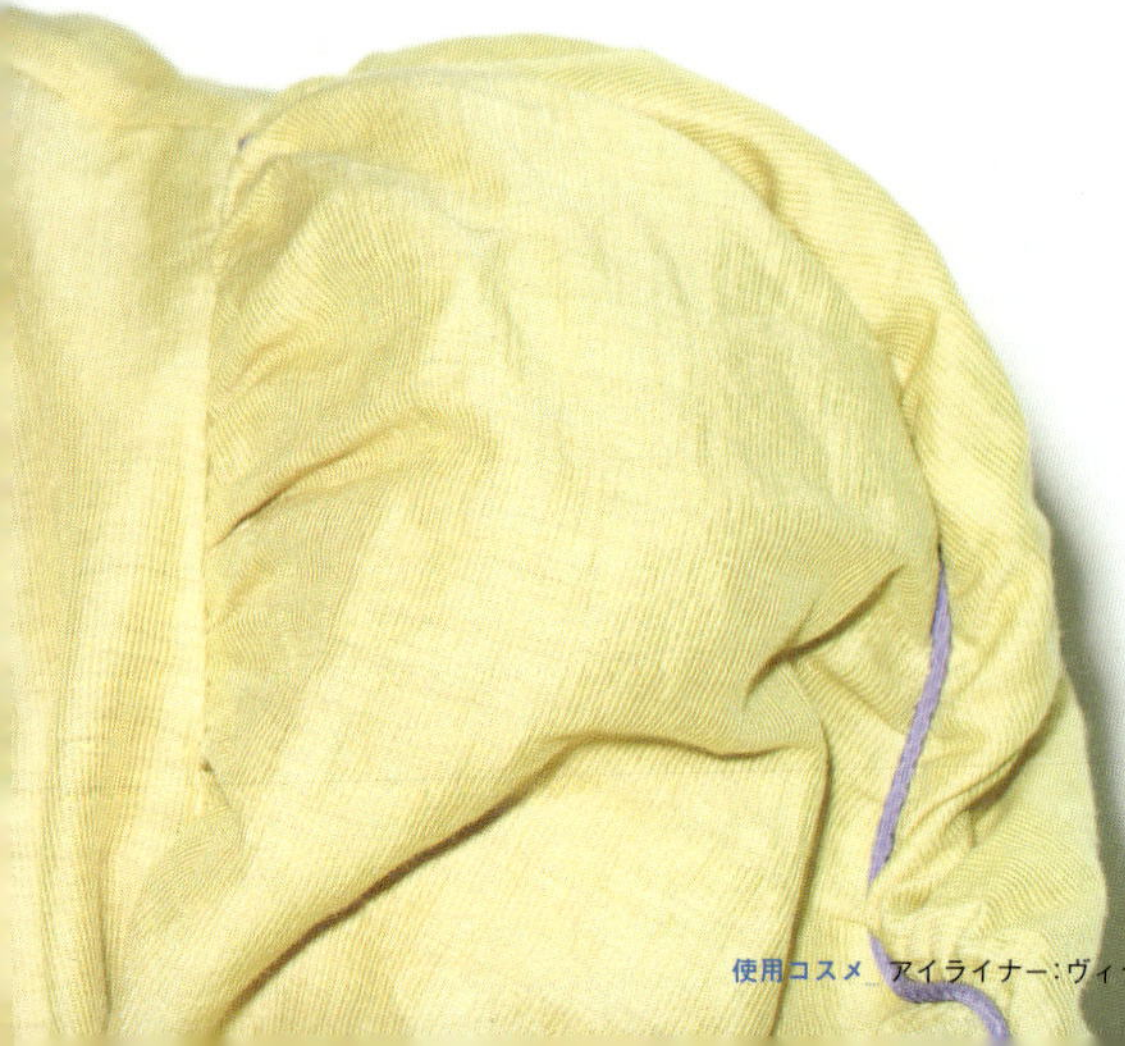

やさしい目元にしたいときにはパウダー。チップにとって、キワに引く。より柔らかくしたいときは、その少し上をぼかすように何度かなぞるとラインがハッキリしすぎず、やさしくなじみます。

濃いめのシングルシャドウ、またはパレットの締め色を使っても。

ふんわり、やさしさを出す
パウダーライン

使用コスメ_アイライナー:ヴィセ アヴァン シングルアイカラー 020

ペンシルなら思い切って色で遊んでもOK。ブルーやネイビーはピンクにもオレンジにもベージュにも合うので便利。色のときめきを感じながら色気を楽しめる。選ぶときには、柔らかすぎるとべたっとつくので、柔らかすぎず固すぎずのものを。キワにしっかり引いてぼかさずにラインを見せて

ペンシルは鮮やかな色で遊ぶ

カラーライナーが悪目立ちしないのがペンシルのよさ。

使用コスメ_ アイライナー:イヴ・サンローラン YSL アイスティロ ウォータープルーフ 3

リキッドより肌になじんだ
線が描けるジェルタイプに
女っぽくしたいときに使い
ます。やや太めに入れて目
元をキリッと引き締めると
甘い服でも大人に似合う雰
囲気に。

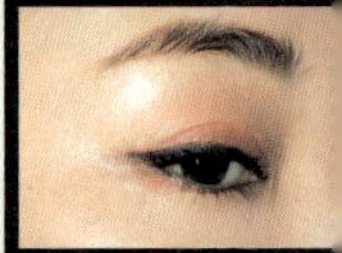

ブラウンのラインで柔らか
く主張する目元に。長時間
でもよれない物を選んで。

ジェルの湿度が
眼差しにも深みをくれる

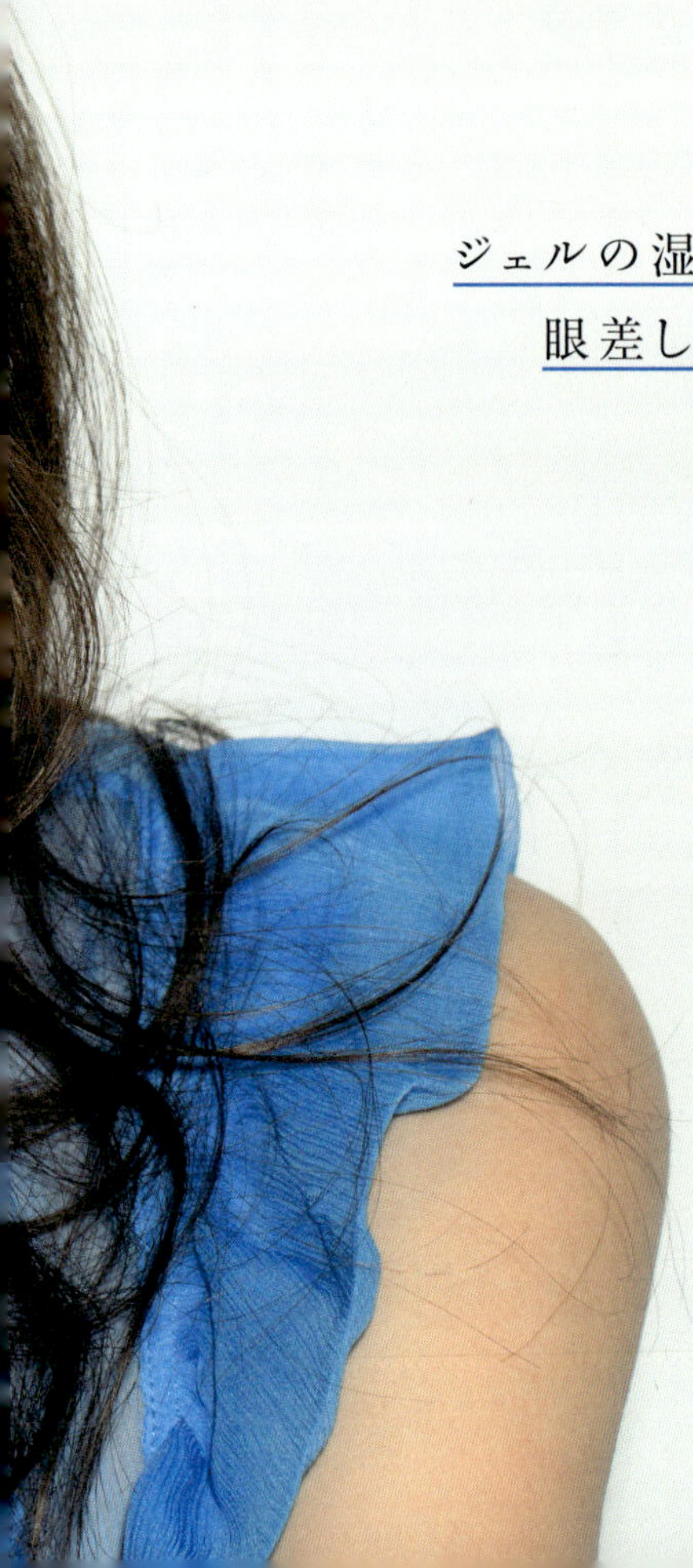

使用コスメ_ アイライナー:ナーズ アイペイント 8151

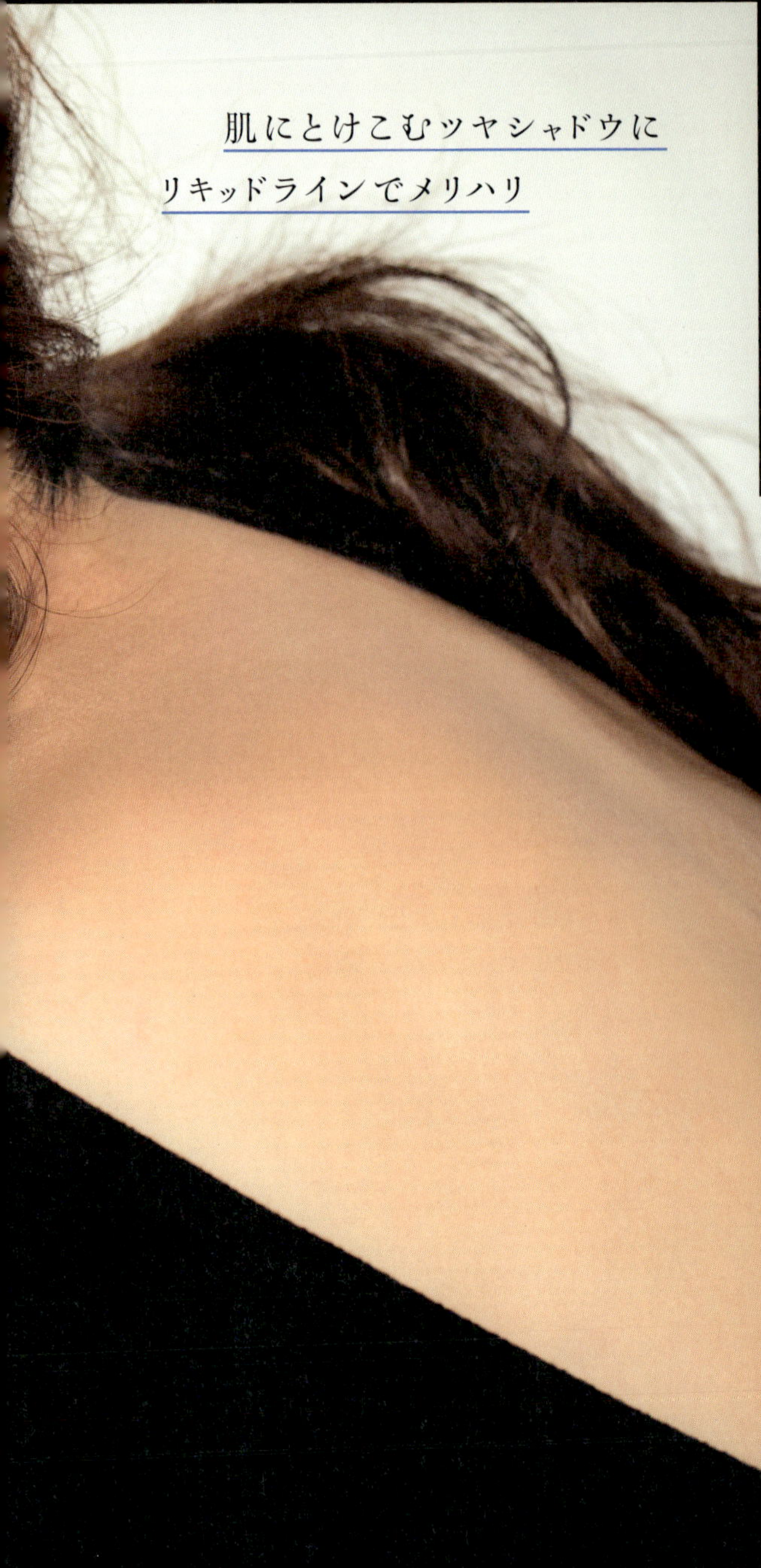

肌にとけこむツヤシャドウに
リキッドラインでメリハリ

黒のリキッドラインを入れるときには色を感じさせないブラウンやベージュのシャドウを。服もヘアもカジュアルに仕上げてヌケ感を出し、強い目元とメリハリをつけます。メリハリのある顔にすることで、女っぽさを調節。

シャドウを薄めにするときは、ラインはある程度太めに。目元のクッキリ感で色っぽく。

使用コスメ_アイライナー:フロ　フシ モテライナー リキッド ブラウンブラック

EYES 6 /8

隠しラインで
目元に
深みを出す

THE SECRET EYELINER

アイメイクの「がんばっている感」は、とたんに全身を「がんばって綺麗にしているひと」に見せるから気をつけたい。これは、大人の女から「余裕」を奪い、威圧感やイタさも感じさせる困った空気。とは言っても、ぼやけたくないし、目元に深みは欲しい。

そこで、余裕を保ちながらも、深みを出すために使えるのが、隠しライン。隠しラインというのは、まぶたのインサイドの粘膜部分に引くラインのこと。

上まぶたのインサイドラインは、まつげを濃く見せ、目の輪郭を浮き上がらせて鮮明にする。と同時に瞳の色とつながり、瞳の色を濃く、潤んで見せる。外から見えないから、まぶたにアイラインを引いていなくても印象が十分濃くなるのがいい。目の印象が際立つから大人の目に余裕と柔らかさを出してくれる。

また、上まぶたのアイラインとインサイドラインを二つ合わせれば、深みは倍に、涙をためたような潤みも出るから、放っておけないと思わせる眼差しが完成する。

そこにさらに下まぶたのインサイドラインを足すと、目の印象は倍に、そしてエキゾチックな深みが出る。白目と隣り合うラインなので、白目の透明感が際立ち、深みの中にもピュアさが出せるのも、このラインの魅力。リキッドで描くと強く、古く、目も小さく見えるので、ブラウンのパウダーやジェルで描くと丁度いい抜け感と柔らかさが出せる。

使用コスメ_
インサイドライナー：
スック デザイニング
カラーアイズ 114

上のみインサイドラインでまつげを濃く

粘膜に入れるラインはパウダーで描くとヌケ感が出やすくなりますが、初心者は柔らかいペンシルの方が描きやすくてオススメ。

上下のインサイドラインで白目がピュアに

下まぶたにインサイドラインを描くと、モード感がアップ。顔の彫りが深くなったように見え、白目もくっきりするので、黒目がちな瞳になります。

EYES 7 /8

目は最後に動かす

MOVE YOUR EYES SLOWLY

色々な魅力を見せつけるためには、眼差しの動きを見せたり、違う角度からまぶたを見せつけるのも面白い。とくに視線を、一つの場所からもう一つの場所に移すまでのすべての角度の美しさを見せると、相手に深い印象を残すことができる。

たとえば、伏し目や流し目、そこから目と目が合った瞬間のドキッと感。その全部をスローモーションのように、コマ送りのように印象づける。

ポイントは、一気に目を合わせないこと。

たとえば、携帯や本やメニューを読んでいるときに呼ばれたら、まずアゴだけを先に上げ、伏し目を見せてから、目線を徐々に上げていく。こうすることで、**どの角度のまぶたや眼差しも見せることができるし、じらした分、目が合う瞬間のドキッとさせる瞬発力も上がる。**

視線を合わせない時間は、相手に自分を観察させる余裕をあげる時間でもあるから、二重アゴやへの字の口は厳禁。意識は顔全体にはりめぐらせながらも、できるだけ自然で力まず、いい具合に力の抜けた表情でいることが大切。

そして、**目が合った瞬間、「ん？」と言いながらちょっと微笑む。**これで、可愛さが数倍上がる。

彼に観察するスキをあげる

彼に呼ばれたとき、すぐに顔を上げずにアゴだけ上げちゃうのがポイント。男の人は女の人に見つめられるとドキドキしちゃうけど、バレずにのぞき見するのは大好き！ 目線を上げたときにドキッとさせられます。

EYES 8 /8

じっと見る

STARE INTENSELY AT A GUY

会話中、目を離さないでいると、ひとは3秒経過するくらいから、急に心がそわそわし始める。「この視線は、いつ離れるんだろう」「このひと、このままずっと目を離さないのかな」と意識のピントが、そのひとに合い始める。これが見つめることの醍醐味《だいごみ》。**一気に相手に自分を意識させることができる。**

まるで、目に見えない鎖でつながってしまって、そこから熱が伝わり、二人だけでこっそりと共有してしまう感じ。言ってみれば、二人にしかわからない秘めごとのような、そんな色気が生まれる。

かといって、ただひたすら何秒も見つづけてはダメ。まるで獲物に狙いをつけるようで怖くなってしまうから。

だから、長くて6秒。3秒過ぎたあたりから相手をドキドキさせ、5秒経過する頃にはそわそわするから、6秒で視線をはずせば、いい意味でほっとさせてあげられる。

そこから数秒は下を向いたり、違うところに視線を向けて、ドキドキの余韻を味わわせてあげる。

視線は、そのひとの持つ世界。視線と視線が重なるということは、二人の世界が重なるということ。だから、眼差しには丁寧に心を込めて。

STEP 3

SKIN

しっとり吸いつくような
肌になる

SKIN 1 /7

角質ケアで肌の「品」をキープする

REDUCE KERATIN IN SKIN

色気は肌に宿るのだと思う。今まで、何人もの女性の肌を見てきてそう思う。たとえば、同じ服を着ていても、美しいひととそうでないひとの違いが明らかにある。それは顔や体のラインの問題ではなく、**肌から出ている空気の圧倒的な違い。その違いとは、肌の質感が持つ「品」。**目に見え、手で触れることのできる質感が決めている。

色気を感じさせる肌は、なめらかで、柔らかく、そして、何より吸いつくような湿度がある。それが、触れなくてもわかる。そうした肌は、「丁寧に生きている」という印象につながり、人にも大切に扱われているであろうことを感じさせる。こうした雰囲気が品につながっていく。

反対に品を欠く肌は、ざらついていて、色むらがあり、表面に凹凸がある。そして、質感は、萎れたように乾いている。すると、そのひとをとりまく何もかもが雑な印象になる。だから、肌は絶対になめらかでありたい。**顔も体も、美容液とクリームで丁寧に保湿し、ざらつきや色むらを予防するとともに、定期的な角質ケアで手触りをつるつるに。**

凹凸や色むらの原因にもなるニキビや吹き出物は、できれば表に出る前に対処。そのために、吹き出物の出来始めには、ノンコメドのコスメに切り換えつつ、できてしまったら、クリニックに処方してもらったクリームや薬で早めに治し、痕を残さないようにすること。

SKIN 2 /7

油分で作る絶対的ツヤ肌

HOW TO MAKE YOUR SKIN GLOW

湿度を感じさせるツヤ肌の女は、絶対的に色っぽい。ぬくもりのような熱があって、湿り気があって、生めかしい艶。水分たっぷりのみずみずしい艶も綺麗だけど、**色気なら油分で作るむっちりと厚みのある艶が絶対。**

油分で作る厚みのある艶は、スキンケアからが勝負。オイルやもっちりコクのあるクリームで、肌がベタベタになるくらい濃密なスキンケアをすることから始まる。**温室で、熱と汗が肌の上に張り付いているときのあの感覚くらい、重くていい。**

その後には潤い下地を全体に塗り、スキンケアと混ぜながら、もう一層潤いの膜を張る。手の平でやさしく丁寧にハンドプレスすることで、この潤いの層がぴたっと肌に密着。その上に、**発光するような透明感が出るピンクやラベンダーの下地を顔の中心のみにのせて、透明感の層をもう一枚重ねる。**

ここまででも潤む艶は十分に出ているけれど、さらにリキッドファンデやクリームファンデ、ソリッドファンデを。指の腹の体温でチョコレートが溶けるようにファンデーションをトロンとさせてから肌にくっつけるように密着させると、ヌクッとした仕上りに。最後に艶仕上げのパウダーを鼻柱と眉毛にのせた後からハンドプレスをして、手の熱で艶を戻しながら密着させる。**何層も艶を重ねていくことで、濃密なツヤ肌が完成する。**

ツヤ肌のカギは下地2個づかい

潤い感重視の下地を5点置きします。

1

指全体を使いスタンプのように下地を肌にくっつけていきながら広げます。

2

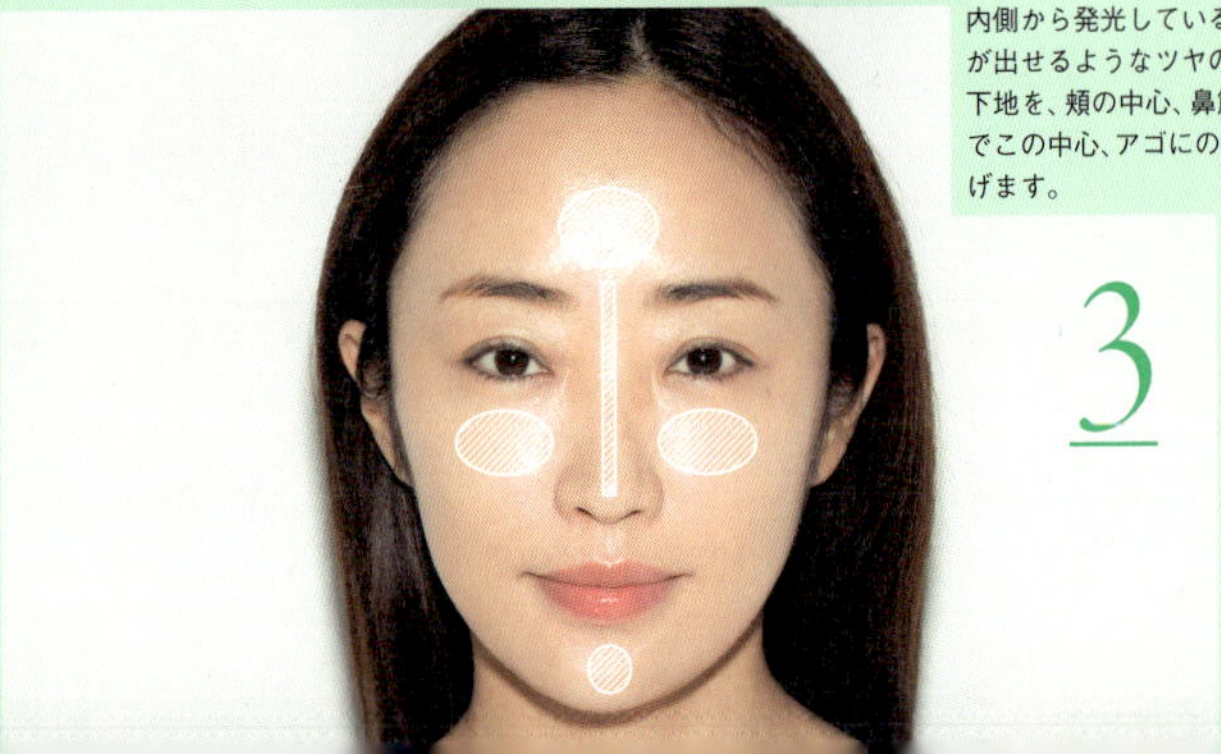

内側から発光している感じが出せるようなツヤのある下地を、頬の中心、鼻筋、おでこの中心、アゴにのせ、広げます。

3

4

ファンデーションを一つ目の下地と同じく5点置きして、指でとんとんと伸ばし、ハンドプレスで密着させる。

5

フェイスパウダーを大きなブラシにたっぷり含ませ、余分な粉を落としてから眉毛、鼻柱（鼻の両脇）、ほうれい線にのせ、最後にパウダーは付け足さずに全顔にふんわり一周かけて終了。

6

ツヤツヤつるんの
ツヤ肌ベースが完成。
大人の肌に
粉っぽさは絶対NG。

使用コスメ_

下地：エトヴォス ミネラルUVグロウベース／発光下地：ポール＆ジョー ボーテ ラトゥー エクラ ファンデーション プライマー N／ファンデーション：クリニーク イーブンベター グロウ メークアップ 15／パウダー：スック オイルリッチ グロウ ルース パウダー

SKIN 3 /7

365日
まろやかな
肌でいる

HOW TO IMPROVE YOUR COMPLEXION

世界一色っぽい肌とはどんな肌か？　そう聞かれたら、一瞬で「まろやかな肌」と断言できる。**ずば抜けて白い肌でも、シミやシワのない完璧肌でもなく「まろやかな肌」。**

柔らかさ、温かみ、弾力性に柔軟さ、そして透明感に深み。「まろやか」の中には、すべてが詰まっているように思う。

肌は「内臓の鏡」というけれど、それ以上に「心の質感」も出る。

まろやかな肌は、幸せで満たされている肌。白いとか白くないとか、シワがあるとかないとか、そんなことは気にならないくらいの余裕と柔らかさを感じさせる肌。満たされた潤いがあって、近寄るものすべて、触れるものすべてを虜《とりこ》にする力をもつ肌。

この肌は、「幸せな質感」を重ねることで、自分で作り出すこともできる。**心の潤いは、潤い下地、にごりのない透明感はラベンダーやピンクの発光下地、温かみはピンクのクリームチークで。**そして反対に満たされた空気を削ぐ色むらやくすみは、コンシーラーで消し去る。ツヤでシワが目立たなくなり、内側から発光させることでくすみやシミが光と混じり、見えなくなる。

こうしたテクニックを覚えておけば、肌コンディションも、心の具合も、年齢も関係なく、３６５日まろやかな肌でいることができる。

肌の調子が悪い日でも、「生まれつきなめらかな肌」になる

ツヤ肌の下地→発光下地まで塗ったら、シミやくすみが目立つところにはコンシーラーを。目の下のクマにはオレンジ系のコンシーラー、目尻のくすみと小鼻の赤みには、明るいベージュのコンシーラーを。最後にピンクのクリームチークを重ねれば、どんな日でもなめらかなツヤ肌に。**使用コスメ_** オレンジコンシーラー：フランシラ ナチュラルRコンシーラー／ベージュコンシーラー：クレ・ド・ポー ボーテ コレクチュールヴィサージュ／ピンククリームチーク：キッカ フローレスグロウ フラッシュブラッシュ 02

SKIN 4 /7

「透明感」と「血色感」で顔の印象を変える

THE CLEAR FACE
AND THE GLOWING FACE

何度会っても、会うたびに印象が変わってドキッとさせるような女でいたい。そのために、「透明感」と「血色感」の使い分けで、顔の印象を変えるワザを覚えたい。

透明感のある顔は、澄み渡った均一な明るい肌がカギ。カバー力と艶のあるリキッドファンデーションとコンシーラーで肌のアラを丁寧にカバーしたら、**パールやラメのない淡いピーチ色のチークを顔全体にふんわりかける。**こうすることで、フェイスパウダーでは作れない肌の色をチークで作ることができ、顔の透明感が5倍は上がる。

ポイントメイクは、肌の透明感を引き立てるよう目立つ色を使わず、目元はブラウンベージュ、口元は淡いベージュで。白や淡いトーンの服で、潔く透明感を見せつけたい。

血色感のある顔は、世界中の幸せを肌の中に詰め込んだような艶とハリ、そして嬉しい瞬間、幸せな瞬間の頬の色を再現したような上気した頬がポイント。**とろんと熱を感じさせる肌は、ピンクの潤い下地とみずみずしい艶ファンデを重ねて。**重ねた潤いアイテムと体温が混じり合ったときに、じわっと高揚した肌が完成する。そこに、艶の出るピンクのクリームチークを頬の高い位置にまあるく広げる。

これで、どの角度から見ても幸せで可愛い、そしてちゃんと色っぽい顔の完成。服も柔らかなピンクのトーンでそろえれば、幸せ感に満ちた表情に。

透明感のある肌は「チーク」で作る

透明感のポイントは、フェイスパウダーの代わりにチークを使うこと。パールやラメのないピーチ色のチークをブラシにたっぷり含ませて全顔にふわっとかけると、顔がトーンアップしつつ、ふわんとした透明感が出せます。**使用コスメ_**全顔パウダー＆チーク：ルナソル カラーリングシアーチークス 01

血色感は「丸み」で出す

下地もピンクのものを選んで、温度の高そうな肌を作ったら、アイシャドウもチークも、全体に丸みを意識してのせて。ヘアも少し巻いた方が「幸せ感」がアップします。**使用コスメ_**チーク：ローラ メルシエ ボンミーン スティックフェイスカラー ピンクグロウ

SKIN 5 /7

立体感で
五割増しの賢さ

MAKE YOUR LOOK SMARTER

女の賢さには、なんとも言えない色気がある。たとえばそれは、男の「不精」にも似た空気。**理性ではなく、本能がそそられるという感覚がぴったりくる。**

それまで重ねてきた知識や経験、そして生き方や覚悟から生まれる品や強さ。デキる女だけが持つ自信から生まれる、圧倒的な凛々しい美しさ。

男性は、そういう美しさをこそ、「崩してみたい」と思うらしい。服従させたい、乱してみたい、今ある完璧な姿ではない顔を、自分だけに見せて欲しい。これが男の本能。

この賢さを表現するメイクは、骨格を美しく見せることから始まる。

たとえば**おでこ、鼻筋、頬とアゴ、そしてフェイスラインの骨を美しく主張させる。**

ハイライトを選ぶときにはパキッと強く光るものではなく、**パールのようなホワンとした光を選ぶこと。**手の甲などシワや毛穴のある部分で試すと、毛穴落ちやシワ落ちもチェックできる。

このときにマットな質感だと、完璧に整い過ぎて生っぽさがなくなってしまうので、**艶ファンデーションで、女っぽさを足すのがポイント。**

これで、「凛々しい中にも女は忘れない」、そんなバランスが完成する。

骨格から綺麗な人に見せる

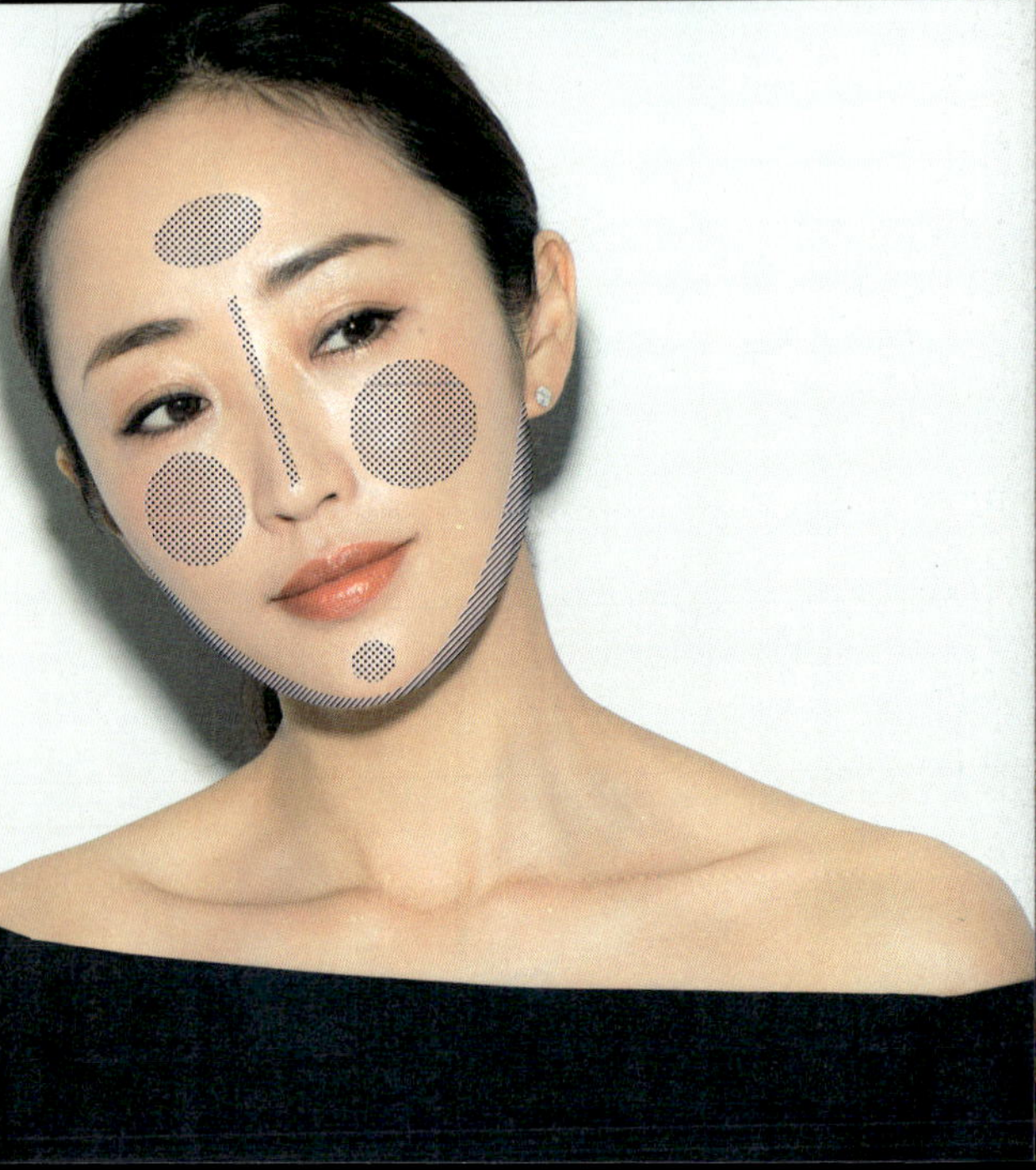

鏡を見て、自分の顔に卵形を重ね、はみ出た部分にシェーディングを入れるとキレイに立体感が出ます。ハイライトはアゴ先と頬の高いところ、鼻筋に。おでこの真ん中にも入れると、賢さがアップして見えます。
使用コスメ_ ハイライト:エトヴォス ミネラルハイライトクリーム／シェーディング:ルナソル コントゥアリングスティック

ハイライト

シェーディング

SKIN 6 /7

心を動かす
顔の丸み3点

MAINTAIN ROUND FEATURES
OF YOUR FACE

丸はやさしさと幸せのカタチ。可愛くて、眺めていると安心できて、心がまあるくなるのを感じる。

そして、女にとっての「丸」は、女らしさを高めるものでもある。頬が丸い、バストが丸い、ヒップが丸い。これだけで、女としての資質に恵まれているような空気が出る。だから、自分の中の丸みを大切にしたい。

とくに顔の中で大切にしたい丸みといえば、おでこ、頬、アゴの3点。

なかでもおでこの丸みは、想像以上に大切。ここが丸いだけで、直線的な顔でも女らしく、可愛らしく、それでいて聡明に見える。

だから、おでこには普段からシワを寄せないように心がける。シャンプー時にゴリゴリと押し流すようにして頭皮のコリをほぐし、一日の終わりには、こめかみのマッサージで疲れ目のケアも欠かさないこと。そうすることで、おでこが狭まったり、シワが刻まれるのを防ぐことができる。おでこが狭いひとや平坦なひとの場合は、**おでこの中心にハイライトを入れて、おでこを丸く見せるメイクも覚えたい。**

頬は、幸せと愛らしさの象徴だから、頬の位置が下がらないよう、常に表情を意識すること。なかには、丸いほっぺが嫌だというひともいるけど、可愛らしい女性をもっと観察してほしい。思わず触りたくなるマシュマロのような頬こそ、女性らしさの象徴。

だから、**光がうまく反射して頬がつるんと見えるよう、角質ケアと保湿とハリを出す美容液で肌のきめを整えておきたい。**もし、頬の肉が薄いというひとの場合は、チークもできるだけクリームタイプのものにして、ツヤで丸みを感じさせるようにする。

そして、**アゴの小さな丸みも、実は女性らしさには欠かせない。**先に少しだけ丸みがあった方が、女性らしさが増して見える。それは、男性のガッシリと四角いアゴを見れば一目瞭然。

それに、女性は年齢と共に、徐々にアゴが肉に埋もれて大きくなってくるので、スキンケアのときにはフェイスラインを指の第二関節でアゴから耳の下に押し流すようにしながら、ケアをしたい。もちろん、メイクでもおでこと同じように、**アゴ先にパール一粒くらいのハイライトを仕込めば、丸みが強調される。**

顔の上・中・下に丸みがバランスよくくることで、顔全体の輪郭までくるんっと美しく見える。

丸みのあるおでこで、
「聡明さ」と「子どもっぽさ」という、
女性の矛盾する魅力を見せる。

使用コスメ_
リップ:ジバンシイ ルージュ
ジバンシイ リキッド 309

まあるいほっぺは
女の子の象徴。

小さくて丸みがありつつも
キュッとしたアゴは
男性にはない繊細な場所。

SKIN 7 /7

フェイスライン
の色気

HOW TO MAKE YOUR FACIAL PROFILE
BEAUTIFUL

下半身でいうと、ウエストからヒップにかけてのSライン。**上半身なら、フェイスラインから首、肩に流れるライン。ここは色気の絶対領域。**すっとしていて、適度な骨感のあるフェイスラインは、日々のケアが何よりも効く。

1日数回、気がついたときに手をグーにして、頭皮とエラ部分をぐりぐりと円を描くようにほぐす。そしてフェイスラインに沿って、アゴ先から耳下まで親指でラインを掘り起こすように流す。首元も太くたくましくならないよう、フェイスラインからデコルテに向かって指の腹で押し流すようにマッサージ。

肩甲骨のコリも、フェイスラインをもたつかせて首を太くし、鎖骨を埋めてしまうし、さらには二の腕も太くさせるという恐ろしいもの。肩甲骨ごと大きく腕をぐるぐると前後にまわし、ほぐす。これだけでも上半身がすっと締まって女らしい線が浮き出る。

ラインが整ったら、それを魅せる姿勢や角度も覚えておきたい。

フェイスラインを美しく見せるなら、体とフェイスラインの距離を離すこと。たとえば、体は正面で首から上を横向きにすると、鎖骨と首筋が浮き出てフェイスラインもすっきりと見える。ヘアも耳にかけるなどして肩の後ろに抜くと、首は長く、フェイスラインも引き上がって見える。

首と肩が遠いほど色っぽく見える

フェイスラインに自信がないときは、首と肩をできるだけ遠ざけるように立つと、フェイスラインまで引き締まって見えます。

使用コスメ_
リップ:シャネル ルージュ ココ リップ ブラッシュ 416

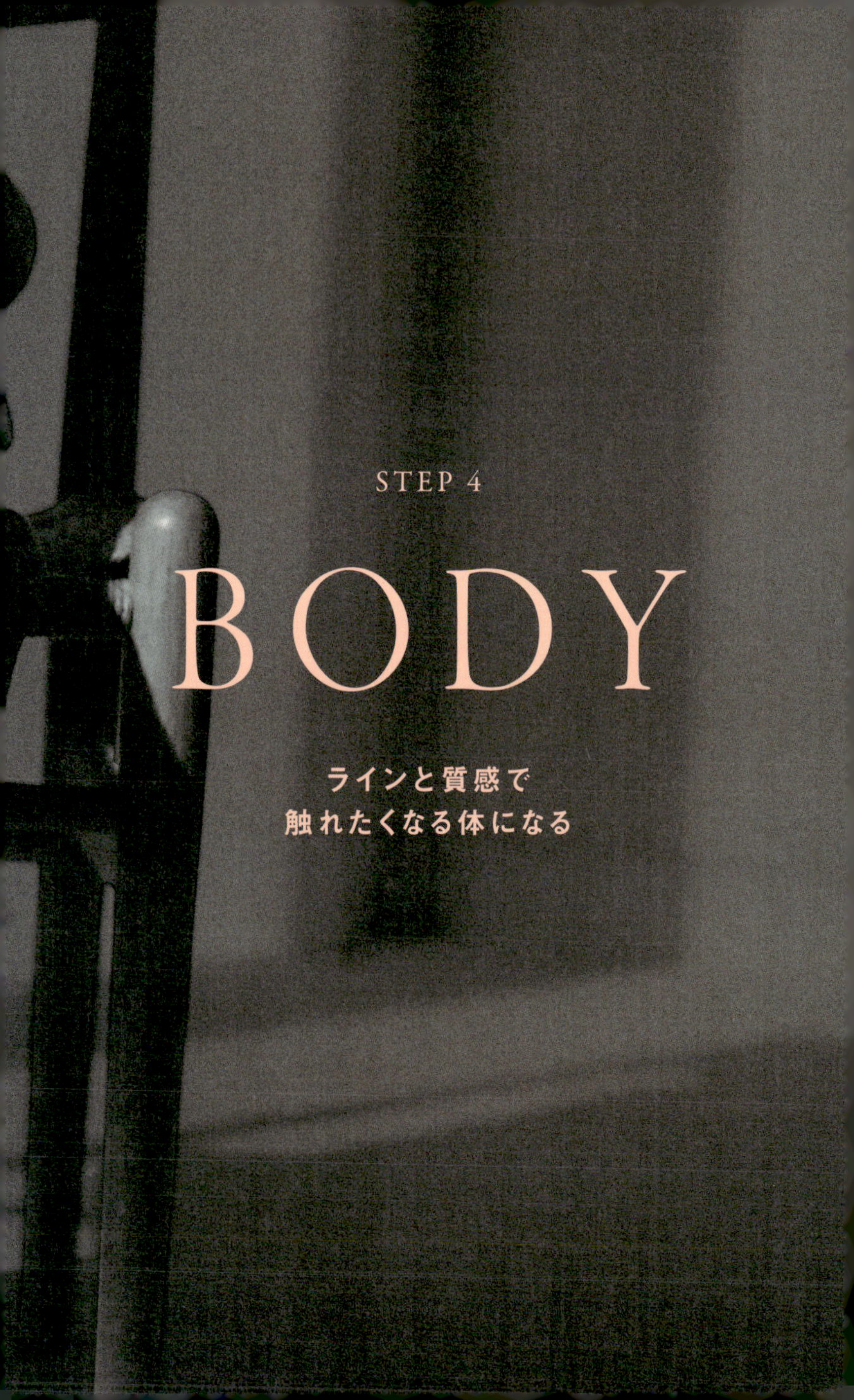

STEP 4

BODY

ラインと質感で
触れたくなる体になる

BODY 1 /7

首、肩、デコルテの程よい骨感

TAKE CARE OF YOUR DECOLLETAGE

女の魅力に生っぽい奥行きを出してくれる骨感は、肉感とセットでこそ、生きる。**中身がぎゅっと詰まった、濃密な体を感じさせる重量感のある肉感があってこそ、骨感は女の武器になる。**

だから、骨感を出そうと無理なダイエットは厳禁。食事制限で痩せると、一番なくなってほしくないバストまわりや頬が削げ、やつれたり老けて見えてしまう危険がある。

同じように、ストイックに運動しすぎても、女性らしい丸みを削いで、体を男性的にしてしまう可能性があるから、**食事、運動、マッサージ、のトライアングルをバランス良く。**こうすることで、肉と骨のバランスが美しく育つ。

このトライアングルで綺麗に骨と肉感が浮き立ったデコルテは、女性の体の中でもトップレベルの魅力パーツ。**肩までがデコルテだと思って、広めの範囲を定期的な角質ケアと保湿の二本柱で磨いておきたい。**

さらには、手の使い方でより注目させることもできる。たとえば話すときや、写真を撮るとき、**ふとした瞬間に手を顔まわりやデコルテに近づける。**こうすると、色気が増す。

腕が動くことで肩先や鎖骨も浮き出てくるから、デコルテまわりの存在感がアップして、目が吸い寄せられるようになる。

程よい骨感と肉感のデコルテは女の武器

ピンクトップス¥11,000 (BED&BREAKFAST／GREED International Tokyo Store)

Point

首に手をやると
自然な
色気が出る。

BODY 2 /7

つかみ心地のいいウエスト

WORKOUT TO GET CURVES

体の真ん中にくびれがあるだけで、途端に体が女っぽくなる。**バストはよりボリュームを感じさせ、ヒップの丸みも引き立つ。**身のこなしやたたずまい、なんとなく着たシンプルな服までもが「女」にしか見えなくなる。

くびれの威力は、これまでも知っているつもりではいたものの、実際に自分のウエストが埋もれて寸胴の体を体験したときに、痛感した。いくら女らしい服を着ようと、女っぽい髪にしようと、決まらない。なにより、ウエストがなくなるほどに、自分の中の女心も萎れていくのを感じた。

それに気づいてから一念発起。まずはマッサージと食事から改善。毎日湯船につかってウエストを掘り起こすようにマッサージ。夜8時以降はものを食べない。心地好い空腹を感じてから寝る。朝・夜は野菜中心で、食物繊維を摂ることを意識してメニューを考える。おかげでやっとウエストのくびれが戻ってきてくれた。

流行りのワンピースの水着も、ハイライズのパンツも、トップスをインする着こなしもできるようになったし、なにより女心が戻ってきた。

ウエストのくびれは、人に女らしく見せる以上に、自分が女であることへの自信をくれるものだと思う。**理想は、男性の手ですぽっと包み込めるくらいの、「つかめるウエスト」。**

くびれは、女の体そのもの

自分を女だと思い出させてくれるウエストは、毎日さわって確かめていたい。

トップス／スタイリスト私物
スカート／本人私物

BODY 3 /7

印象すっきり、質感むっちりの脚

HOW TO MAKE YOUR LEGS LOOK GREAT

女同士で話す「あのコの脚、綺麗だよね」と、男たちの話す「あのコの脚いいよね」。それぞれに心ひく脚でも、その質感や形は明らかに違う。

女の言う「脚が綺麗」は、ただ細く長い場合が多い。けれど、男の言う「いい脚」はもっと情緒的。**触れるともっちりなめらかで、挟まれたときに吸いつくような生っぽい温度と包まれるような柔らかさがあり、脚の中にもくびれとふくよかさのメリハリがある。**

だから、細いだけの脚は目指さない。脚にもちゃんと女の質感を。

腿は角質ケアで柔らかく、なめらかな質感を育てる。膝上と内腿はもたつきが出やすいから、**指で脚の筋肉から脂肪を引き離すようにつまみ上げる。**こうすることで代謝が促進されて、スリミング効果が出る。足首からお尻にかけては、引き上げるよう手の平全体で強めに流し上げ、毎日マッサージ。

そして、**ふくらはぎの位置をキュッと上げるために、週2、3日は、短い距離をヒールで歩く。**毎日では前腿に力が入ってモリッとしてしまうので、これくらいがベスト。

ただし、ヒールを選ぶときには重心が前後にズレずに、すっと真ん中で立てて、歩きやすいものを選ぶこと。

毎日のマッサージとヒール、それに角質ケアと保湿で、女の脚を育てたい。

脚は細さより「質感」にこだわる

縦に入った筋肉のストイックなラインと
ツヤと張り、そして吸いつくような肌の質感は
男の視線をとらえて離さない。

フリンジトップス ¥13,000
（FRAY I.D／FRAY I.D ルミネ新宿2店）
タイトスリットスカート ¥31,000
（マスコブ／ビームス ハウス 丸の内）
二連バングル ¥28,000
（エナソルーナ／エナソルーナ神宮前本店）

BODY 4 /7

指先で
自分のまわりに
空気をつくる

CREATE A GOOD ATMOSPHERE

姿かたちの完璧さではなく、動いて美しいかどうかも女にとっては重要なこと。なかでも手の動きは、そのひとを取り巻く空気の色を大きく変える。

バレエや日舞、フィギュアスケートにフラメンコ、言葉を発さずに表現するものは、必ず手が言葉の代わりに語っている。そして、その空気が美しいほど、そのひとの存在感は心まで染みるものになる。手が作る絶対的な美しさ。

日常を生きるわたしたちも、毎日の中にこの手の美しさを持つことができたら、それだけで印象も見え方も、すべてが変わる。物をとる、触れるときには、やさしく優雅に。高価なガラスやジュエリーを扱うようにイメージすると、エレガントな空気が生まれる。

頬杖など、顔まわりに手を添えるときには、赤ちゃんに触れるようにやさしく、包み込むような柔らかさで。このとき、指や手の平をぴんと伸ばしてしまうと、わざとらしくなるので、ふんわりと卵を手の平に乗せるくらい自然に丸めて添えるといい。

携帯やリップ、小物を使用するときには、映画や雑誌の美しいシーンを記憶し、それをコピーしてみる。

そんなふうに仕草を意識していくことで、取り巻く空気の色を自分で変えたり、調整したりすることができるようになる。

手の表情で魅せる

頬杖をつく

指先のリラックス感は、「力の抜けたいい女感」に。ふとした仕草こそ、女性の色気そのもの。

電話をかける

電話で話すときには、うつむき加減で。相手の声に集中している会話中の顔はあまり見せない方が、気になるひとに。

リップを塗る

男にはない仕草だからこそ、見たときにドキドキしてしまうのがこのシーン。唇の柔らかさを意識させて、触れたくさせる。

BODY 5 /7

角質ケアで吸いつくような肌を育てる

ALL THE BODY PARTS
YOU NEED TO EXFOLIATE

一度触れたら底なし沼のように引き込まれ、離れられなくさせてしまう肌。**もっちりとなめらかでいて、スベスベ。とろんとした柔らかさと、心地いいぬくもりがある肌。**それが、触れる前から、見ただけで感じられる質感が理想。

肘をつく、膝を立てる、毎日の何気ない癖によってついてしまう色むらやくすみ、ランジェリーや服の締め付けによる黒ずみ、くすみやざらつき。

ついつい後回しにしてしまいがちなボディの肌までもが美しいひとは、その美意識から、ひとを圧倒することができる。**普段は人目に触れない部分まで綺麗だったら、もしもそれを目にしてしまったら、その瞬間から絶対に心奪われ、恋に落ちると思う。**

たとえば、背中や腿とヒップの境目、足首の後ろや脇に鼠蹊部《そけいぶ》。ケアをしていないと、毛穴やくすみ、黒ずみやザラつきが増していく場所がある。こんな場所は、角質ケアと保湿ができるボディ用美容液などでしっかりケア。肌の生まれ変わりは早すぎても遅すぎてもよくない。ただ塗るだけで新陳代謝の速度を調整してくれるボディ用美容液を塗ることで、透明感、柔らかさ、なめらかさ、そのすべてをレベルアップさせることができる。

手をかければかけただけ、結果が出やすいのがボディの肌。触れても、見ても、たちまち恋に落としてしまうような、そんな心に吸いつく肌を育てたい。

BODY 6 /7

匂いの話

ALL ABOUT THE SENSE OF SMELL

言われて嬉しい言葉の上位にくるもの。それは「いい匂いですね」という言葉。可愛いとか、綺麗とか、そんな言葉も嬉しいけれど、「いい匂い」には嘘がない。匂いは、本能や嗜好にダイレクトに結びつくもの。だから、「いい匂い」と言われると、生き物として、女として「好き」だと言われているような気持ちになって、とても嬉しい。

なかでも、フレグランスをまとった日の「いい匂い」より、つけない日に言われる「いい匂い」は、自分を丸ごと「いい」と言われている感じがして、さらに嬉しくなる。

体臭というものは、体調やホルモンバランスや季節によっても変化するから、毎日自分の体調には気をくばり、いい匂いでいる工夫をしたい。

ただし、体調管理だけでどうにもならないのが加齢臭。これは男性だけではなく、女性にも深く関わりのあるものだということを知っておきたい。耳の後ろから出る、あのぎとぎとした粘っぽい匂い。これは40代に入る頃から、女の体からも漂い出す。

10代〜20代前半の女性の体には、ラクトンといって、ピーチのような、ココナッツのような香りの成分があるため、若い頃はとくに気にしない人が多い。けれど、年を重ねて抗酸化力が弱まり、細胞が酸化していくことで、加齢臭の元になる物質が発生しやすくなってしまう。加齢は、どこまでも女に厳しいという事実。

それを知ってから、いつまでもいい匂いの女でいるために、新たに工夫を加えることにした。

まずは適度な運動で代謝をあげ、巡りをよくすること。こうすることで、さらっとした汗が出るようになる。**日常的に代謝を促し、油っこい食事をとりすぎなければ、皮脂もさらっとしたものになるので、汗が悪臭に変わるのを防ぐこともできる。**

そして、できるだけストレスをためない工夫も必要。ストレスも活性酸素を促進し、細胞を酸化させてしまう。すると加齢臭に拍車がかかってしまうため、できるだけストレスはため込まず、放出したい。心地いいもので自分のまわりを整えたり、ときに休んだり、美味しいものを食べ、欲しいものを買い、行きたいところに出かける。月に数回泣くというのも心がすっきりしていい。

そして、なんといっても体を清潔に保つこと。加齢臭を消す作用のあるボディクレンザーでケアし、**10代20代の女性特有の香りであるピーチやココナッツのボディオイルやミルクをほんのり体に仕込む。**

こうすることで、いつだって「いい匂い」と言われるようになったことは、女として大きな自信をくれ、年齢からの解放を感じさせてくれている。

BODY 7 /7

縦のライン を綺麗にする

TONE UP YOUR ABS

「色気が欲しい」と願っているなら、鍛えすぎの体には要注意。それは、女だけが持てる柔らかさやまろやかさを奪ってしまいかねないから。

女らしくありたいと思いながらも、つい痩せすぎたり、鍛えすぎたりして、女性らしい質感を失っていくのもまた、美にストイックな女性が陥りやすい罠。たとえば、横に割れた腹筋や広背筋。鍛えすぎて体に横の線が入ると、男らしくたくましい体になってしまう。**女なら、横ではなく縦の線を刻みたい。**お腹なら、真ん中、左右と3本だけでいい。背中にも、すっと刻まれた縦線を。そしてもちろん、その絞られた縦線は、体の丸みと共存すべき。気持ちいい柔らかさがありつつ、適度に絞られた細い縦のラインの入った体。この二つがあってこそ、女の体が魅力的になることは、絶対に忘れないようにしたい。

縦のラインを作るには、遅筋《ちきん》にアプローチすること。わたしが色々試した中で効果的だったのは、30分ほど湯船につかってからマッサージでリンパを流した後に、30分から1時間ほど歩くというプログラム。この組み合わせを続けると、脂肪を落としすぎずに綺麗に縦線を入れられる。それを週2回ほど行うことを習慣にする。

運動やマッサージで絞られた体は、3日かけて元に戻ろうとする特性がある。**だから3日ごとにエクササイズを続けると、リバウンドなしで体を更新していくことができる。**

縦に入ったラインは深いほどいい

グリーン柄ロングドレス ¥2[illegible]
※H&M 渋谷、[illegible]宿、オンライ[illegible]
(H&M CONSCIOUS EXCLU[illegible]
/H&M カスタマー[illegible]

背中の開いたドレスに欠かせない背筋は、いい姿勢のためにも、くびれ作りのためにも欠かせない筋肉。使わないでいると背中に肉がつきやすくなってしまうので、鍛えておいて。

STEP 5

FASH-ION

女にしか着れない服を着る

FASHION 1 / 11

一番モテるのは
エロサバ

WHAT DO MEN WANT WOMEN TO WEAR?

一番モテる服ってどんな服だろうね、という話をしていたときのこと。今まであらゆる女に触れ、さまざまな女を知ってきたであろう男性がこんなことを言った。

「**最強にモテるのは、エロサバな女だよね**」

エロサバ。聞きなれない単語だけれど、解いてみるとなんとも単純。エロはエロス、サバはコンサバ。要するに、エロスをほどよくついたコンサバ、という意味。

確かに、男受けファッションは単純明快。雑誌でアンケートをとっても、媒体が変わろうが、世代が変わろうが、シャツワンピ、Vネックニット、スキニーデニム、タイトスカート、黒ワンピ、と支持するものはまったく同じ。そのどれもがシンプルでオーソドックス。コンサバと言われる部類にすっぽりと入るもの。

男はモードが苦手。シンプルでわかりやすく、品があって女っぽい。そんなファッションを見ると、急に「気になる女」に昇格するらしい。

たとえば少年漫画に出てくる女のフォルムを見てみると、男性には着れないような服を着て、女の体のラインを強調しているものばかり。だから、**男性と違うところを思いっきり引き立たせるような服を選んでみる。**肌見せじゃなくて、シルエットを変えることで女を出す。

コンサバにひとさじのエロスをプラス

シンプルでありながら女の体のニュアンスを感じさせて。

パープルリブタンク ¥3,500
（ミラ オーウェン／
ミラ オーウェン ルミネ新宿2店）
オレンジフレアスカート（FRAY I.D）
バッグ ¥36,000
（ラドロー／伊勢丹新宿店）
アンクルストラップサンダル ¥29,000
（ピッピシック／ベイジュ）

FASHION 2 / 11

着るだけでいい女に見える「とろみ服」

GET SOFT AND SMOOTH CLOTHES

ただ着るだけで、仕立てのいい女に見える「とろみ服」は絶対に持っておくべき服のひとつ。

とろんと溶けるように肌に重なり、肩先やバストの凹凸を綺麗に見せる生地の落ち感が、**本来の体重より3キロは軽く見せるから、まさに女の体のいいところ見せ。**女としてのレベルの高さを感じさせる。このとろみの実力を知ってしまった日から、買い物に行くたびに必ず「とろんとした生地の服はありますか？」と尋ねてしまう。

女の肌は、まとうものの質感と同化する。とろみのあるなめらかな服は、肌を同じくなめらかに、なで続けたいほど気持ちいいものに見せ、その服を着ている間中、表情までまろやかにする。こんなに女を無敵にしてくれる服はそうそうない。

まず揃えたいのは、顔や肩に近いブラウスやワンピース。試着をしたときに、生地全体のベクトルが下に向いているのを実感するくらい落ち感があるもの。そして、**肩先や肘、バストや膝などの形が「つん」と美しく浮き出るものを選ぶのがポイント。**

柔らかな色は、まろやかでやさしく透明感のある女に、深い色は肌とのコントラストで、凛とした強さを含んだ美しい女に見せてくれる。体の凹凸の美しさに視線を集中させたいから、デザインはシンプルなものを選ぶというのも重要。

触れてみたいと思わせる服の柔らかさ

ダークグリーンベアワンピース
¥125,000（KALITA／
ハウント代官山／ゲストリスト）
コルクオープントゥパンプス
¥20,000（ツル バイ マリコ オイカワ）
イヤリング ¥10,000
（ザ ダラス／4K）

FASHION 3 / 11

40歳以上は
スカート丈を変える

WE HAVE TO CHANGE
THE LENGTH OF THE SKIRT

年齢と共に体のラインやフォルムが変わるのに伴って、体を美しく見せてくれるものも変わる。

わかりやすく違いが出るのがスカートの丈。**どれだけ脚に自信があっても、脚を出しすぎると大人としての色気は薄れる。**腿が見えるくらい短すぎると、脚自体の存在感が前に出すぎる。自分の脚への自己愛も見えすぎるし、脚という強い線が2本出ることで、印象も硬く強くなる。反対に、頑なにマキシ丈で脚を隠しすぎると色気も隠れてしまう。

脚は体の中でも大きな割合を占めるからこそ、どのくらい、どうやって見せるかが重要。**大人になったなら、膝が隠れるくらいの丈がいい色気を出してくれる。**年齢でもたつき始めた膝まわりの肉やたるみはじめた腿もカバーできるし、膝より下を見せることで、ふくらはぎからすっと細くなる足首までのラインが目立ち、脚がすらっと見えやすい。

柔らかな女らしさなら、布が多めのもの。歩くたび、風が吹くたびに、揺れたり透けたりするのがまた美しい。

女っぽくなら、体の曲線にフィットするペンシルスカート。これは、ヒップから膝に向かって曲線を美しく見せる効果が高いので、誰でも「いい女」に見せてくれる。

脚は、見せても3分の1、そして綺麗な部分だけを美しく見せること。

膝は出さずにラインで見せる

サテンサンダル¥109,000（ROCHAS／ナノ・ユニバース カスタマーサービス） スカート／本人私物

イエロースカート、ミュール／ともに本人私物

揺れるすそからのぞく足首を印象づける

FASHION 4 / 11

チョーカーで「とらわれ感」を出してみる

WEAR A TIGHT CHOKER

チョーカーをつける日は、決まって面白いことが起きる。それは、**すれ違う男性たちが、ことごとく数秒にわたって視線を止めてくること。**

その視線がまた独特。思わず吸い込まれているような、見ようと思って見ているというよりも、意思とは関係なく、本能的に勝手に凝視してしまっているという感じ。チョーカーをつける日は、決まってこの興味深い眼差しを集め続けることになる。

おそらくその理由は、チョーカーの持つ「とらわれ感」。**まるで首輪をかけられたようなチョーカーの形は、支配したい、服従させたいという男の本能に触れるのだと思う。**

確かに、女であるわたしでも、チョーカーをしている女性には、そこはかとないエロスを感じる。誰かに支配されているような、自由を制限されているような空気は、じわじわとまとわりつくような湿度を感じさせる。

若いときには、その湿度がまだうまくフィットせず、避けてきたアイテムだった。でも今、その湿度が丁度いい。大人の強さを持っているからこそ、その支配感が実に生っぽいエロスを感じさせる。密かにとらわれている気配。

ともすれば、品を欠いてしまうアイテムでもあるチョーカーには、清楚と品、そんな空気を漂わせる服やヘアメイクと合わせることが重要。

首のレースで目が離せない女に

レースのチョーカーは、可憐な雰囲気を感じさせることもできる。

レースチョーカー ¥4,200（ザキャットウィスカーズ／フィルム）タンクトップ ¥10,000（ルミノア／ビームス ハウス丸の内）

FASHION 5 / 11

透ける服、
隠す服、
見せる服

HOW TO SHOW OFF YOUR FIGURE

ただ肌を見せる、という手段はもう浅い。これからは、大人の色気の魅せ方を覚えたい。おさえたいのは「透けさせる」「隠して浮かせる」「賢く見せる」の、三つ。

まず、「透けさせる」。ダイレクトに肌を出すよりもずっと「秘めた深み」を感じさせる透ける服。肌の上に一枚、素肌の質感や温度を感じさせるくらい薄いものを重ねることで、**パウダーをまとったように肌のあらが消え、素肌が綺麗に見える。**透ける服は、あえて首元がつまっているものや、袖のあるものの方が、品のいい色気に見える。

「隠して浮かせる」服なら、バストとヒップの丸みと、ウエストなどのラインが浮き立つような服を選ぶこと。加えて首や手首、足首など、体の中で一番細い部分をちゃんと強調してくれるもの。**女の体は、隠すと逆に凹凸や曲線が際立つ。**あえて見せないからこそ、その体のラインを目にした瞬間、ひとはどきっと心奪われる。これは、「隠すことで体の価値を上げる」という技。

最後の「賢く見せる」は、**見せる肌面積が広いほど、他の部分の肌見せはひかえるのが基本。**思い切った肌見せトップスに、あえてパンツやマキシ丈のスカートを合わせ、女っぽさに重みが出すぎないよう、バランスを調整。過剰に女っぽくなりすぎない、オシャレ感と女っぽさが両立できる。

肌の見せ方で3種類の色気を操る

賢く見せる服

思い切ったワンショルダーにはパンツを合わせ、女っぽさを程よく中和。

ワンショルダーリブインナー〈アンスクリア／ガリャルダガランテ〉ブルースリットパンツ ¥27,000〈スタニングルアー／スタニングルアー 青山店〉 ロング パールピアス ¥48,000〈エナソルーナ／エナソルーナ神宮前本店〉 サングラス ／スタイリスト私物

隠して浮かせる服

体をやさしく包みながらもラインのわかる服は、首、手首、足首の華奢さを感じさせるのがポイント。

ブルーノースリーブニット ¥12,000〈ルトロワ×デミルクス ビームス〉、スエードコート ¥178,000〈ラシュモン〉（ともにビームス ハウス 丸の内） ピンクコーデュロイタイトスカート ¥13,000〈ダブルスタンダードクロージング／フィルム〉 パンプス ¥54,000〈ペリーコ／アマン〉

透ける服

透ける服のときは首元の詰まっているものを選ぶ。デコルテや二の腕などは、薄い布ごしに見せるとエロスが増す。

ネイビーシースルーシャツ ¥30,000〈オーラリー〉、ストライプスカート ¥62,000〈カルロッタ カネパ〉(ともにビームス ハウス 丸の内) インナー／スタイリスト私物

FASHION 6 / 11

黒い服で 実力以上の いい女

WEARING BLACK
MAKES WOMEN APPEAR SEXIER

鮮やかな色に恋してやまないわたしも、黒を着たくなるときがある。それは、「圧倒的に美しいひと」に見せたいとき。

凛とした強さを持ちつつも、女のまろやかかさを際立たせたいとき、誰にもない存在感を出したいとき、わたしは黒を着る。

黒という色は、ただそれだけで女を美しく見せる色だと思う。

中途半端で難しい日本人の肌の色を鮮明に生まれ変わらせ、白く発光するような肌に見せる色。そして、ダークな髪の色に深みと艶を与え、曖昧な唇の存在感を浮き上がらせる色。瞳の色ともリンクすることで、決して華やかではないアジア人の瞳に潤むようなみずみずしい濡れ感をくれる。

体においても、あともう少しの骨格感をくっきり見せてくれ、ラインは引き締めながらも肌の柔らかさは増して見える。硬く媚びのない色はまろやかかさを引き立て、もともと持っている、女の体の柔らかさや丸みを絶妙に引き立て、美しさを底上げしてくれる。

だから、選ぶなら、フリルやリボンなどの甘さのない、シンプルかつシャープな黒。色の持つ硬さや凛々しいデザインが、ただそれだけで「女の質感」を浮き上がらせてくれるから。

黒は女の魅力を深めてくれる最高の味方

ハンサムな女っぽさを強調できる黒い服。あえてノーアクセで華奢な骨格を感じさせて。足元は女度高めのヒールを合わせるのがマイルール。

ジャンプスーツ ¥36,000（Sov.／フィルム）

FASHION 7 / 11

大きなアクセで柔らかさを強調する

WEAR BIG ACCESSORIES

たとえば童顔で小柄な可愛い印象の女性の内面に、強くたくましい一面を確認したとき。

つんと尖ったような冷静さを感じさせる美人に、くしゃっとした笑顔を見たとき。

「参った」と思うほど心をつかまれるあの感覚。

反対の要素が組み合わさることで、面白いくらいにその人の魅力が色濃く見える。

シャープなもの、ゴツッとしたアクセも、これと同じ威力を持つ。

耳元にその強さがあるだけで、首筋やデコルテ、肩先の華奢さやまろみが強調される。

手元に添えれば、指や腕の細さや頼りない感じが、媚びなくいい具合に際立つ。

華奢見えする繊細なアクセではなく、**強さがあるからこそ逆に女っぽさを浮き立たせるような、アクセサリーを身につけたい。**

欲しいのは、しっかりと主張するフォルムや大きさ、素材感でありながらも、透明感を持つもの。

存在感はありながら、色や線、フォルム、そのどこかに細さやまろやかさがあるものを選ぶことで、「ゴツく強い女」ではなく、「自立した芯を持ちながらも柔らかさのある女」の空気が手に入る。

大ぶりのアクセサリーは大人のたしなみ

[右手]バングル ¥38,000、(中指)チェーンリング ¥18,000 (薬指)ゴールドカットリング ¥10,000、シルバーカットリング ¥10,000　[左手](親指)2連ダイヤリング ¥75,000 (中指)パール付きリング ¥50,000、ゴールドダイヤリング ¥64,000 (すべてエナソルーナ／エナソルーナ神宮前本店)

繊細な アンティークジュエリー

左から。グリーンアップルネックレス ¥28,000 (エナソルーナ／エナソルーナ神宮前本店)　タンザナイトネックレス ¥47,000、ダイヤサークルネックレス ¥120,000 (ともに KAORU/KAORU ルミネ有楽町店)　ルビーダイヤリング ¥300,000、ビジューデコラリング ¥260,000 (ともにエナソルーナ／エナソルーナ神宮前本店)　クロスリング ¥73,000、チェーンピアス ¥78,000 (ともにKAORU/KAORU ルミネ有楽町店)

ゴツめの ジャンクアクセサリー

左上から時計回りに。グリーンイヤリング ¥11,000(DOMINIQUE DENAIVE／ナノ・ユニバース カスタマーサービス)　スクエアピアス ¥16,000 (ヴァレット／ジャック・オブ・オール・トレーズ)　クリアレッドボールピアス ¥6,400 (DOUGLASPOON／ナノ・ユニバース カスタマーサービス)　ピンク×アイボリーイヤリング ¥10,000 (ザ ダラス／4 K)

FASHION 8 / 11

エレガント
という色気

WEAR BLACK STOCKINGS

「隠しながら見せる」というのは、若い頃には気がつかなかった色気。

昔は、「見せた方がわかりやすく女を主張できる」、そう思っていた。けれど、**隠すことで初めて生まれる、匂い立つような色気もある。**

霧に包まれているような、淡く曖昧な美しさ。つかめそうでつかめない、はっきり見たい、確認したいと思わず目をこらしてしまうような、不思議な存在感。

奥ゆかしいけれど、圧倒的に視線と心を奪うこの空気こそ、女が手に入れるべき色気の質感。この質感は、脚にまとうことで、最大の魅力を発揮する。

肌とは反対の色でうっすらと脚を包むと、かえって肌のなめらかさ、脚の線や筋肉の動きが浮き上がって見えてくる。これが素足よりも艶めかしく美しい。

この最強の脚を優美に操っている女性を目にするたびに、「降参」と思ってしまう。

わざわざ薄いベールで「隠す」という行為にも色気を感じさせるし、「隠しながら見せる」というテクニックを、わかって使っているところに、女としての余裕と深さを感じる。

これぞ、**女のプロフェッショナル。**

すべての加減をわかりながら、大切なシーンで、心をつかむ最強の一手を打てる女になりたい。

透けるストッキングで大人の肌見せ

30デニール以下の薄さで抜け感を出したい。女の濃度が上がりすぎたときは、柄で遊ぶと上品に。

黒ニットトップス ¥12,000（ル リエン／アナトリエ ミュゼ プリヴェ アトレ恵比寿店） スカート ¥8,300（ミラ オーウェン／ミラ オーウェン ルミネ新宿2店） ジャケット ¥29,000（Sov.／フィルム） ドットタイツ／スタイリスト私物 パンプス／本人私物

FASHION 9 / 11

色気、品、清潔感を網羅する

BE CLEAN AND GORGEOUS

ときどき、色気から出る「温度」をリアルに感じることがある。触れていないのに、人肌のぬくもりを確かに感じる瞬間。

そんな熱を持つ女性たちに共通しているのは、**すべてがとてもシンプルなこと。**服からメイク、小物まで、すべてがさらりとしている。強い主張のないものを組み合わせることで、肌や髪、体などの素材が鮮明になって、そのひと自体の色気を感じさせる。

こうしたひとたちの美しさの理由とは、**「本人もまわりもその体や肌は女っぽく美しい」という事実を知っているということ。**同性でも焦がれるような、完璧に近いボディラインやバストのボリューム、なめらかな肌の質感。どれもが美しい。それなのに、**その完璧を見せびらかすことなく、大切なものをそっと包むように隠しているという事実がさらにその価値を引き上げている。**だから、こちらは隠されているその美しさを見ようと、ついすみずみまで見つめてしまう。

この色気を操るのはかなり高度。まずは前提として、**自分の体や肌をかなりの「女」にしなくてはならない。**そしてそれを「見せる」のではなく「漂わせる」ような着こなしが必要。深く、じわじわと染み込んでくるような高度な色気をまとうには、女性としての成熟が欠かせないと、最近強く思う。

肌見せでも、ライン見せでもない色気の出し方

「脱力の色気」は、ヘアメイクもがんばりすぎず、ゆるやかに。

赤Vカットブラウス ¥39,000
（コート／インターナショナルギャラリー ビームス）
テーパードパンツ ¥22,000
（CITY／シティ ニュウマン新宿店）
バングル ¥75,000（KAORU KAORU ルミネ有楽町店）
パンプス ¥30,000（ピッピシック／ベイジュ）

FASHION 10 / 11

ずるい服がある

THE MOST ATTRACTIVE CLOTHES

黒のノースリーブのタートルニット。

これはわたしが今まで生きてきた中で、最強にずるいと思う服のひとつ。この服には、女らしさを強調するいくつもの要素が絶妙なバランスで織り込まれていると思う。

まず、タートルの持つ「禁欲」感。**封じることで、あえて浮き彫りになる色気。**首の細さを実感させるから、首、デコルテからバストの線の流れや膨らみを、まるで裸のように浮き立たせる。布はまとっていても、そのシルエットは裸そのもの。**ボディスーツのように、ひとつひとつの線を鮮明に印象づける。**

そこに、二の腕という女の質感が組み合わさる。二の腕は、男性が好むパーツの上位にくるだけあって、女を象徴する部分。柔らかくてきめ細かくて、なめらか。**どちらかといえば隠れている時間が多いからこそ、眼に映る瞬間にどきっとさせる魅力ももっている。**

タートルと二の腕、これほど女の肉感的魅力を表す組み合わせはない。おまけに黒を選ぶことで、肌や体の丸みの甘さを引き立てる。

首元が詰まっていて体にフィットするトップスには、シンプルなボトムスが正解。その方が体のラインに意識が向かうから。そして、バストとヒップの曲線が実力以上に見えるよう、**ウエストはきゅっと絞られて見えるものを選ぶのがポイント。**

いい女に見える最強服は
首の詰まった黒のノースリーブ

胸のふくらみが強調される首の詰まり。肩まわりの華奢さがわかる袖ぐりをクリアする一着を。ウエストのくびれを強調しつつ、ボトムスで女度を調整。

スカラップニット（FRAY I.D）　フレアスカート ¥13,000（RIM.ARK／バロックジャパンリミテッド）　アンクルストラップサンダル ¥42,000（ネブローニ／フラッパーズ）

FASHION 11 / 11

色気を生む靴で「女」を感じさせる

SHOW YOUR BONES OF THE FOOT

女には、出すべき骨と、出してはいけない骨がある。いくつになっても女につきまとう「痩せれば痩せただけ綺麗になれる」という呪縛。けれど骨感というものは、大きくわけて二種類の印象をもたらすことを覚えておきたい。

一つは、女らしさや儚げな印象。もう一つは、幸薄く、貧相な印象。とくに、あばらやバスト上、背中の骨が浮き出ると、途端にみすぼらしい空気が漂ってしまう。だから、美しさを際立たせる骨――鎖骨、腰骨、そしてなんといっても足の甲、これらの骨感は大いに利用したい。

なかでも足の甲の骨は、鎖骨や腰骨と違い、元々の骨格に左右されず、綺麗に浮き出ているひとが多い。そして、**それが見えるだけで、足そのものの印象が数段女っぽくなる。**オフショルダーの服やローライズのパンツのように、服を選ばなければ見せることができない他の骨よりも、ずっと簡単に条件を選ばずに魅せつけることができるのもいい。

欲しいのは、指の付け根まで見える靴。フラットでもヒールでもいいので、**足を入れたときに自分の骨が指の付け根から足首に向かって、うちわの骨組みのように細く鮮明に、美しく浮き出るもの。**女らしさを狙うならベージュやブラック。印象づけたいときには、視線を奪うカラーを。

足の甲から色気を感じさせるヒール

自分で足元を見たときにも
女の意識が上がる。

パープルスカート、パンプス／
ともに本人私物

STEP 6

MIND

内側からにじみ出るエロスを手に入れる

MIND 1 / 14

色気には ちょっとの生意気さ が必要

BE IMPERTINENCE SOMETIMES

「従順さ」と「生意気さ」。色気には、この二つの気質が必要だと思う。

言うことをききすぎてもつまらない。

でもきかなすぎるのも手に負えない。

この二つをいいさじ加減で出すことができるひとには、「ひとを引き込む力」がある。

わたしが個人的に魅力的だと感じる女性の多くは、AB型という共通点がある。

それはたぶん、「素直さ」と「振り回されるほどの手強さ」。

正反対の気質を持つ血が混在することで、こちらのペースを乱し、心を占領されてしまうから。

たとえば、素直なひとが、ときどき見せるわがままは、可愛い。

奔放《ほんぽう》なひとが、ときどき見せる素直さは、可愛い。

どちらも結果、その人の相反する魅力を際立たせることになる。

きっと、国籍の違う両親を持つ人がエキゾチックな魅力を放つのも、わかり尽くせない、解き明かせないちょっとした難しさにある。

知りたいという気持ちや、心を惑わされる快感にそそられ、ある種の心地よさを感じるからなのかもしれない。

だから、**ときにはわがままを言う勇気が必要。**

ひとに合わせようとか、こう思われたらどうしようなんて考えない。自分の意見をまっすぐ主張したり、ちょっとしたわがままを言ってみる。

「会いにきてくれなきゃ、ヤだ」

そんな可愛いわがままを、相手が応えられるタイミングで言えたら、男は放さないから。

二つ目は、母のような包容力。

ときに面倒だなと感じる相手のわがままも、母のような大きくやさしい愛でふんわり包み、癒してあげる。「いいよ、そうだね」と、まるで愛おしい我が子と向き合うように丸ごと受け入れてあげる。

やさしく温かい。でも、わかりやすく簡単な女ではない。

こんなひとなら、いい意味でも悪い意味でも脳裏に焼き付いて離れないある種の匂いのように、「記憶に残る女」になるはず。

ちょっと生意気な方が手に入れたくなる

言うことをききすぎる女に色気を感じないのは女同士も同じこと。多少振り回されても、ちゃんと「自分」がある女の方が魅力的。そこに大人の女のやさしさがあれば、忘れられない人に。

ネイビーカットレースハイネックトップス ¥13,999(税込)※H&M 渋谷、新宿、オンラインにて展開(H&M CONSCIOUS EXCLUSIVE 2018／H&M カスタマサービス)　ピアス ¥4,500(デミルクス ビームス／ビームス ハウス 丸の内)　デニムパンツ／本人私物

MIND 2 / 14

自分が女だと自覚する

KNOW YOURSELF THAT YOU ARE A WOMAN

色気とは、自信。女としての自信が匂いとなり、色となり、蒸気のように体から沸き立つのだと思う。

女としての自信とは、**女として「ギリギリ」や「圏外」ではなく、いつだってど真ん中にいるという実感。**いくつになっても恋愛の対象でいることができ、どんな状況でも女性として接してもらえること。そして、自分で自分をちゃんと女だと自覚できること。

そのために、いちばんてっとり早くて誰もができることは、ヒールを履くこと。

たとえば週に3回、履くだけで足のフォルムや動きが「女」になる靴を履く。その足を目にするたび、ヒールの音を耳で確認するたび、自分の中の女の意識がむくむくっと目を覚ますような靴。

自分で自分に「わたしは女である」ということをリマインドさせる靴が救世主になる。

男の隣で自分の中の「女」を呼び覚ますと、安っぽく媚びた気持ち悪さが出てしまう。

でも、**自分で自分を「女」と意識することで生まれる自覚は、自然な色気につながる。**

だから、年齢や体のラインや肌の老化のせいにせず、いつだって「わたしは現役の女」と思えるような生き方をしていきたい。

週に3回はハイヒールを履く

鮮やかな色のヒールは、目にするたびに
女に生まれてよかったと感じさせてくれる。

ライトブルーパンツ、パンプス／ともに本人私物

左上から時計回り。
ピンクスカラップパンプス ¥43,000（ネブローニ／フラッパーズ）
オレンジリボンミュール ¥29,000（チェンバー／ビームス ハウス 丸の内）
グリーンサテンスクエアパンプス ¥29,000（ピッピシック／ベイジュ）
イエロースエードパンプス ¥26,000（ツル バイ マリコ オイカワ）
パープルチャンキーパンプス ¥39,000（ロランス×デミルクス ビームス／ビームス ハウス 丸の内）

MIND 3 / 14

距離感で
心を揺さぶる

COME CLOSER TO THEM

「あの子は魔性の女だよね」

男たちがある女性について話をしていた。詳しく聞いてみると、その20代後半の女優はとにかく魅力的らしく、カメラマン、ヘアメイク、スタイリストに共演者、誰もが彼女に心を溶かされている。

「それってなんで？　どこが魅力的なの？」と聞くと「とにかく距離が近いんだよ」の一言。**話すときも座るときも、他のひとよりずっと、距離が近いらしい。**

本来、誰にでも自分のテリトリーというものがあり、そのテリトリーを守るためにある程度の距離感を保ちながらひとと接する。けれど、その魔性の女性は、そんなのおかまいなしに、ひとのテリトリーの壁をやすやすと打ち破って入ってくるというわけ。

そんなとき、ひとは決まってドキドキしてしまう。反射的に緊張して、心が揺さぶられる。**そしてその距離の近さに「もしかして自分に好意を持ってる？」と幸せな勘違いも重なり、二重にドキドキとときめいてしまうらしい。**

確かに距離感は心に大きく左右する。

わたしも一度、尊敬してやまない美容界の大先輩であるヘアメイクアップアーティストの女性と対談をさせていただいたとき、その方がわたしの顔から10センチもないくらいに顔を近づけ、「とってもお会いしたかったの」と手を握って言ってくださったときには心底ドキドキした。距離の近さという単純なものに、これほどの破壊力があったなんて。

かといって、いきなり距離を縮めて接するというのは、なかなか難しい。

そこで、他に心を溶かす距離ってなんだろう、と考えた。

思い浮かんだのは、**突然の可愛いタメ語**。

仕事中は、敬語だったり、ある程度は距離感のある言葉遣いをするのが普通。

でもオフの時間のふとしたタイミングにさらりと出てくるタメ語には、ドキッとさせられることが何度もある。「そうなの？」「なんで？」というように、ひと言で可愛く言うのがポイント。

遠いと思っていたひとが、思いがけずぎゅっと近づいてくる感覚。まるでプライベートをのぞいてしまったように、恋愛対象、異性とは見ていなかったそのひとが、急に「異性」に見えてくる瞬間。

タメ語という距離感。体の距離と同じように、**言葉の近さというのも、心を溶かす大きな力になる。**

MIND 4 / 14

5秒でできる「隙」の作り方

MAKE AN OPPORTUNITY

隙とは、ひととの距離を縮める間。もっと一緒にいたくなるような心地よさ。

隙を作るには、メイクや服や仕草など、手段は色々あるけれど、即できることなら「笑顔」と「素直な褒め言葉」が最強。

たとえば、表情が一つしかなく、動きもない。そんな鉄のような顔には1ミリの隙も感じない。何を言っても動じず、喜ばず、表情を変えない女は可愛くないと思う。

けれど、表情がころころ変わり、顔がくしゃっとなるくらい笑うような、完璧さとかけ離れた顔を見ると、人間味があって可愛いなあと思ってしまう。そしてそんな笑顔を見せてくれるくらい自分に心を許してくれているということは……と、淡い期待を抱いてしまうことも。

さらにそこに、屈託のない褒め言葉をのせると効果抜群。「そのネクタイ素敵」とか、「さすが○○君だよね」とか、かまえず素直に素敵だと伝えると、ものすごく距離が近くなる感覚が生まれる。自分の心に壁を作らない。自分をとりつくろわない。

面白いのは、自分が隙を見せると、相手も隙を見せてくれるということ。柔らかな心は、相手の心も柔らかくしてくれるし、相手が入ってこられるような隙を作ることで、相手もまた、こちらが入っていける隙を作ってくれる。

MIND 5 / 14

後ろ姿で心をつかむ

HOW TO LOOK GOOD FROM THE BACK

いくら綺麗でも、なんとなく「あざとい後ろ姿」のひとがいる。

きっとそれは、意識の向かう方向が伝わってしまっているから。

意識が「ねえ、わたしの背中、見てるよね、今見てるでしょ」と〝見られていること〟に集中していると、その媚びや傲慢さが主張してあざとさが出てしまう。

後ろ姿は、女性の色香を感じさせる特別な場所。余計な情報はなく、顔も見えないぶん、「知りたい」という妄想を掻き立てる。だからこそ、**思わず回り込んで顔を見たくなるような、そんな空気をまとっていたい。**

追いたくなる後ろ姿に必要なのは、美しい体のライン。フィットする服でもいいし、歩くたびに体のラインや肌が見え隠れするものも、どきっと心をつかむ。だから、服を着たら、必ず全身鏡で後ろ姿も確認。

それに、髪はとくに重要。髪は顔まわりだけを見て安心しがち。けれど**実は、後ろ姿の髪こそよく見られている。**後ろの髪もガサついていないか、うねっていないか、艶は出ているか、綺麗な立体感が出ているか、必ず確認すること。

ここまで準備できたら、あとは意識を自分の内側に向けて、柔らかな風をストールのようにまとっているイメージで姿勢よく歩けばいい。

目指すは顔をのぞき込みたくなる後ろ姿

ホルターネックドレス ¥15,999（税込）※H&M 渋谷、新宿、オンラインにて展開（H&M CONSCIOUS EXCLUSIVE 2018／H&M カスタマーサービス）

MIND 6 / 14

髪をかきあげるしぐさはいつも誰かが見ている

BRUSH YOUR HAIR WITH YOUR FINGERS

暑くなり始めると意識をそそられてしまうのが、女性の「うなじ」。

確かに、うなじは色っぽい。

普段は隠れている場所というだけで魅力的だけど、紫外線が当たりづらく、白くきめ細かな肌を保ちやすいのも、魅力を底上げしている。**そこに柔らかな産毛が合わさるから、生めかしさと女っぽさが香る。**

暑いときにはしっとりと汗ばみ、寒いときにはひんやりとした透明感が澄み渡る。

すっと伸びた首筋に美しいうなじが続いていたら、誰でも思わず見てしまう。

でも、これは、うなじが美しいことが条件。肌がぶつぶつとしていたり、毛穴が目立っていたり、髪の毛がありすぎては、とたんに見苦しいものになる。

だから、毎日のスキンケアはうなじ、首、肩まで行

うこと。日中の日焼け止めはもちろん、バスタイムでは顔と一緒にクレンジングし、週2、3回の酵素洗顔や、角質ケアのできる美容液なども、顔と同じように使用してケアをする。

まとめ髪のときには、トーンアップする日焼け止めやクッション下地などを塗って透明感を引き上げるのも、可憐なうなじに見せるコツ。

毛問題については、綺麗な形に整えすぎると色気がなくなるので、少し産毛を残しながら、クリニックでの脱毛をおすすめしたい。ムダ毛が綺麗に整うのはもちろん、毛穴が目立たなくなり、肌はなめらかに、透明感があがるのも利点。

自分で剃る場合は、処理の前後にクリームなどでしっかり保湿をしてケアをすること。

女性のうなじはいつの時代も男の心を奪う場所。ふだん隠されているからこそ、チラリと見えたときには思わず目が追っている。
トップス ¥13,000（FRAY I.D／FRAY I.D ルミネ新宿２店） ピアス ¥8,000（RLIGHTS／ナノ・ユニバース カスタマーサービス）

MIND 7 / 14

360度の色気

BE BEAUTIFUL FROM ANY ANGLE

中学生のとき、友人に言われた一言を今でもたびたび思い出す。それは、体育の時間、マラソンをしていたときのこと。

「めぐは走っているときも変な顔にならないね、髪も綺麗に揺れてるし」

予想もしていなかった言葉。自分の気がつかないところを見られていたという驚きと、そのこまやかな観察力。

でも、あの日、自分もひとを見るときに、そういう部分を見ていることに気づいた。正面のオンの画面だけではなく、どんな瞬間も、360度から見ている。そして、**そこでの印象や美しさが、実はそのひとの印象になっていることに改めて気がついた。**

たとえば髪をまとめる瞬間、靴を履くために前かがみになる瞬間、ドライヤーで髪を乾かす瞬間、オフィスでコピー機と向き合う瞬間、ひとりカフェで読書をしている瞬間。

そういえば、男性が女性を見て「色っぽい」と思う瞬間のアンケートをとっても、こんななんでもない瞬間や角度の話が出てくる。**決してこちらが意識して作ったキメの瞬間ではなく、たわいもない瞬間。**

きっと360度の色気があってこそ、胸をうつ女性になれるのだと思う。

すべての角度に少しの客観性を持つこと。これだけで美しさの精度は10倍上がる。

全方位綺麗な女は、
いつでも恋を手に入れられる

いつ、どこから見ても綺麗に見えるシルエットでありたい。どんな瞬間を切り取られても、魅力的で、何度でも恋に落としてしまうような。

黒ニット、リボン／ともに本人私物

MIND 8 / 14

朝、昼、夜で
魅せ方を変える

BE ATTRACTIVE ALL DAY LONG

今の色気は、夕刻の湿度を含んだものだけではなく、朝の透明感や昼のヘルシーさの中にも存在する。ひと昔前の、ねっとりと薄暗いものではなく、もっと心地よく、透明で、幅広いものになった。

だからこそ、**24時間、色っぽい女でいることができる。**

朝起きた瞬間から、仕事に集中しているときも、そして恋するひとといるときも。一つの色気を使いまわすのではなく、ちゃんとその時間の色や空気に合う色気をまとっていたい。

朝の色気は、無防備さと透明感。朝日に透ける髪や素肌のピュアさ。飾ったり、とりつくろっていないからこその、素の温度を感じさせたい。

そのためにも、夜髪を乾かした後にはストレートアイロンでうねりをとって、指通りのよさと艶を仕込んでおく。**肌にはたっぷりのクリームをべたつくほど塗り、翌朝に生命感あるハリと艶が出るようケアをする。**もちろんボディにもミルクやクリームをくまなく塗り、触れ心地のいい肌を育てておきたい。

日中の色気は、熱心さやひたむきさ。懸命に何かと向き合う姿は、それだけで色っぽい。そこに、やはり見た目の力も添えておきたい。

重要なのは、朝にも夜にもない、**ちょっと硬さを感じさせる凛々しさ。**たとえば、髪はタイトにまとめ、あえて見せる肌は控えめ。足先や腕、指先、よく見ると女性らしいけど、全体の雰囲気は女の甘さや柔らかさを少なくおさえる。**メガネや角のある小物で、スマートさを加えるのもポイントになる。**

逆に、**夜は思い切り女らしく。**髪や服はとろむように柔らかく、**すべてにおいて、思わず触れたくなる質感に。**夜の色や空気の匂いに美しく重なりながら、ほわんと発光して見えるようなまろやかな白さと艶っぽさをまといたい。

肌は艶ファンデやクリーム系ハイライトで湿度を含んで吸いつくような質感に仕上げる。髪は大きめのゆるいウェーブで、しっとりとした空気を演出。

でしゃばらないのに、じわじわと女としてのまろやかな温度がにじむ感じ。

派手ではないのに、ほんわり発光しているから目が止まり、**その柔らかな包容力とやさしさに思わず、甘えてずっとそばにいたくなる感じ。**余裕のある女性らしい美しさこそ、夜見ると吸い寄せられる色気。

朝、昼、夜、どの時間を見ても色っぽい、けれどそれが三つそろったとき、その重なりやギャップが、存在自体を「色気のあるひと」にするのだと思う。

Morning

朝の光を浴びた瞬間の色気は前夜の肌ケアで決まる。夜は保湿をとにかくたっぷりと。

白バックレースアップサロペット ¥16,000（MLM LABEL／ジャック・オブ・オール・トレーズ）

朝・昼・夜で表情をガラリと変える

Daytime

お仕事モードでキリッとまとめたときには、スクエアな小物をそろえて知的な色気を。

ネイビートップス ¥24,000（ATON／ヴァリアス ショールーム） グリーンカーディガン ¥37,000（フォンデル／ビームス ハウス 丸の内） ベージュイージー パンツ ¥14,000（BLACK BY MOUSSY／バロックジャパンリミテッド） メガネ ¥3,700（ビーミング by ビームス／ビーミング ライフストア by ビームス コクーンシティ店） バッグ ¥42,000（VASIC／コード）

Night

吸いつくようなしっとりした肌に、とろんと落ちる服。質感重視で朝とも昼とも違う色っぽさを。

すべて本人私物

MIND 9 / 14

やさしさと
品を感じさせる
話し方

THE WAY YOU TALK IS IMPORTANT

色気は、「清潔感」や「品」、「やさしさ」と切り離せない。「女」という匂いが単独で立ちすぎてしまうと重くなる。「女っぽさ」「清潔感」「品」「やさしさ」。これらがバランスよく重なって初めて色気に変わる。この事実を後押しするのが、**声や話し方**。

服やメイクでつくろえる明らかな見た目ではない部分なだけに、その影響力の強さを実感する。どれだけ美しいひとでも、話したとたん、「このひとは綺麗なひとの着ぐるみを着ているだけなんだ」と感じたことは一度ではない。**見た目に気を配って、綺麗にしているなら、なおさら話し方でその人の品性が浮き彫りになる。**反対に、美しい言葉の選び方や話し方が、そのひとの見た目の印象を引っくり返すこともある。

心がけたいのは、**ゆっくりと、少し低い声で語尾まではっきりと話すこと。**そして、そこに気持ちをのせるよう抑揚をつけ、表情と連動させて話すこと。

小さな子どもに話をするように、やさしく、丸みをもって言葉を的確に伝えたり、ときに単語一つ一つの持つ色を、話し方で表現する。

絶対に避けるべきは、早口、語尾のばし、そして圧力を感じさせる声や話し方。もちろん、声そのものの透明感や艶、柔らかさも重要なので、喉の保湿は欠かさず、マヌカハニーや声帯にいいお茶などで、声のまろやかさも育てたい。

MIND 10 / 14

「もっと知りたい」を刺激する女になる

MAKE MEN WANT TO KNOW MORE ABOUT YOU

100万人に美しいと思われる美人になれたとしても、一度会って興味をなくされてしまうなら、**普通の容姿だとしても、何度会ってもまた会いたいと思われる女になりたい。**

恋でも仕事でも結局大切なのは、ひととひととの興味のつなぎ合いだと思うから。

恋のはじまりの、あの寝ても覚めてもそのひとのことしか考えられない熱い時期。朝まで話してもまだまだ話したりなくて、会っても会ってもまだまだ会いたくなる。24時間1分の隙もなく、体の中まで見ないと気が済まないほど知りたい気持ち。

仕事においても、このひとの頭の中ってどうなっているんだろう、一緒にその先を見てみたい、と思うような、いつまでも興味をそそる女。そんな存在になりたいと思う。

初対面で、また会いたいと即アポが入ったり、3日連続で会ってもその先何日分もの約束をもらったり、何度だって求愛され続けるひと。そんな女になるのは実は簡単なことで、**自分を出しすぎず、聞き上手になることが大切。**

たとえば、10の話のうち自分のことは3くらい。あとは相手の話を聞く。自分のことは、極力聞かれたことだけを話す。話しすぎないことで、「謎」が生まれる。これは秘密主義になるのではなく、相手の「知りたい」を煽ることになる。外見も、毎回同じ顔、同じテイストの服ではなく、いつも相手の興味を刺激し続ける女でいたい。

MIND 11 / 14

斜めでくずす
という色気

ASYMMETRY IS ATTRACTIVE

左右対称な顔は、清潔感満タンだけど、優等生すぎて女としてはちょっとつまらない。

「**色っぽくしたいから、わざと数ミリずらして二重整形したの**」

美を追求している友人がさらりと言った言葉。そう、非対称というものは、心に引っかかる。するっといかず、思わず目と心をこらしてしまう魅力がある。

たしかにわたしが色っぽいなと惹かれる顔を並べてみても、それらの顔はみな目の大きさが左右で違ったり、口が少し歪んでいたり、片方に黒子《ほくろ》があったりと非対称で、**その不完全さというか、清潔すぎない感じが、生っぽい色気を醸し出しているように思う。**

かといって、顔をわざと非対称にというのもその頃合いが難しい。

そこで、もっと簡単なのは、体を非対称に見せるというテクニック。

座っているときに、体を傾けたり、ねじったり、足を組んだりする。体の曲線が美しく見えるよう考えながら、くずしてみるのがいい。髪の分け目を変えたり、斜めの姿勢をとることで、顔や体に陰ができて左右非対称になり、女っぷりが匂いたつ。

重心はちょっと前、膝はひらかず、腕は肩幅より内側に収めること。この三つをおさえることで、だらしなかったり、横柄な印象になったりするのを防ぎながら、より女っぽい雰囲気を出すことができる。

足を組む

背中を見せる

アイボリーリブクロスキャミ（アンスクリア／ドローイング ナンバーズ） 2wayリネンスカート ¥29,000（エーケー ワン バイ エッフェ ビームス／ビ ームス ハウス丸の内） バングル ¥11,000（アロン／フラッパーズ） パイソンサンダル（ドレステリアのファビオルスコーニ／本人私物）

ねじる、傾ける、足を組む…
左右のバランスをくずして心を揺さぶる

振り向く

傾ける

MIND 12 / 14

笑顔の種類を持つ

YOU SHOULD HAVE
DIFFERENT TYPES OF SMILE

色気と笑顔は別物と思っているひとがいるならば、この瞬間から、その考えを改めてほしい。

たぶん、笑顔に勝る色気はないかもしれない。それくらい、**笑顔というものは色っぽくうつり、ひとの心を離さない。**

パートナーがいつもこんなことを言う。

「ママがチビ（三男）とぴたっとくっつきながら笑っている姿を見ると、色っぽいなーってキュンとするんだよ」

「笑顔が色っぽい？」と、はじめは戸惑ったけれど、色気ってそういうものなのかもしれないと、最近納得するようになった。つまりは、心惹かれる空気が立ち上ったとき、それを色気と呼ぶひとがいるのだ。

それに、わたしも異性が笑っているのを見て、「このひと色っぽいな」と思ったことが何度もある。

笑顔の色気は存在する。それもかなり強力なパワーで。

ならば、笑顔の幅を広げたい。一つじゃなく、作られたものでもなく、その場にふさわしいものをいくつも。

わたしが今まで出会ってきて、「この方、なんて心に染み込む笑い方をするんだろう」と思った女性たちも、いくつかの笑顔を持っていたように思う。

そんな笑顔に触れるたび、「『笑顔』は大切にしなきゃ」と思ってきた。

だからこそ、「神崎さんの笑顔が大好きです」という言葉をいただくと、涙が出るほど嬉しい。

どんな笑顔も魅力的だけれど、**できるだけ、隠しすぎたり、顔がくずれるのを気にして小さくしたり、抑えたりしない方がいい。**

その方がずっと、相手の心にも自分の心にも幸せに響くから。

心のまま思いきって笑う。驚いたときも、嬉しいときも、どれだけ幸せか、笑顔で表現できるように。

そのためにも笑顔は数種類持っていたい。

そして、これからも素直な笑顔が出せるよう、歯や唇のケアも丁寧にしながら、思いきり笑い続けていきたい。

いろんな笑顔で相手の心を溶かす

グリーンオフショルダーワンピース¥25,000（BLACK BY MOUSSY／バロックジャパンリミテッド）

MIND 13 / 14

若さにしがみつくと色気がなくなる

YOUNG WOMAN IS NOT SEXY

色気は大人だからこそ、手に入れることができる艶。重ねてきた経験や痛みが、やさしさや温かみになり、触れたときの柔らかさを想像させたり、心地よく包み込まれる心の感触になって、不思議といつまでもそばにいたくなる。

だから、**若いひとには本当の色気はまとえない。**若いひとのそれは、艶出しのクリームを塗ったような即席のもの。本当に心に触れる色気は、何も加えなくても、そのひとを形作る一つ一つの細胞から生み出される。**色気こそ、大人の女の特権。**

だから、大人の肌はしっとりと包み込むようななめらかさがあり、中がたっぷりと満たされているような重みがある。若いときの肌がマシュマロなら、大人の肌は〝すあま〟のよう。その質感こそが色っぽさにつながる。

笑顔一つとっても、若さが持つ、はじけるような可愛い笑顔もいいけれど、大人の笑顔はやさしくて、思わず心がほろりとなる。**大人になるほどに、ちょっとした綺麗な表情や可愛い仕草が、すべて心に触れるものに進化し、それが色気に変わっていく。**

だから、若さにしがみつかない。自分を作る色々なものがちゃんと色気に進化していくように。**年齢とともに進化した、温かな質感ややさしい形に逆らったり、隠したりしないこと。**大人にしか持てない、大人だけの色気を楽しみたい。

MIND 14 / 14

欠けた部分が色気になる

BEING PERFECT IS NOT ATTRACTIVE

欠けた部分、足りない部分があってこそ、色気は育つと思う。なんでも幸せ、毎日元気にハッピー。そんな印象のひとに色気は感じない。

少し前に、不倫で世の中から責められたハッピーの代表のような女性タレント。それまでは彼女に色気というものを感じたことはなかったけれど、あのニュースの後、突然色気を感じるようになった。それは、理屈ではない人間味を感じたから。痛みも失敗も、弱点もある。**まんまるではなく、そんな欠けた部分こそ、色気が生まれる場所なのかもしれない。**

わたしが心惹かれる画家の一人にフリーダ・カーロという女性がいる。その人生は、生涯にわたって満たされることはなく苦しみに溢れていたけれど、だからこそ情熱が絶えず、関わるすべてのひとを恋に落とし続けたのだと思う。

そして、素晴らしい演技力を持った女優のマネジメントをしている友人が言った一言。

「うまくいかない恋、ダメな男に傷つけられたときほど、ものすごくいい顔、いい芝居をするんだよね」。妙に納得した。

そう、**完璧なものに色気はない。**すべて持っているわけではないからこそ出るニュアンスがある。だから、完璧を目指さなくていい。傷ついて、痛みを知って、やさしさや喜びと同じように味わいながら、不完全な自分を楽しんでいきたい。

EPILOGUE

おわりに

この本の撮影をしていたときのこと。
フォトグラファーやスタイリスト、
スタッフみんなで、
「これ、綺麗だけど、色っぽくはないかなあ」
「これはちょっとオシャレすぎるかもね」
そんな言葉を交わしながら
衣装を厳選していたとき、
わたしが尊敬してやまない
ベテランスタイリストが言ったひとこと。
「結局、色気を持っているひとが着れば、
なんだって色っぽくなるし綺麗なんだよね」

EPILOGUE

「それを言ったら本が完成しなくなっちゃうー！」
なんて、苦笑いしたけれど、わたしを含め、
そこにいたプロたちが「いや、実際そうなんだよね」と
全員一致でそのひとことに賛同した。まさにそう。
このひとことにすべてがつまっているのだと思う。
存在自体に色気があれば、
服やメイクやたくさんの要素をあれこれと組み立てなくても、
どんな瞬間もその雰囲気を香らせることができる。
そしてその空気は、持って生まれるものでも、
探して見つかるものでもなく、
実は自分が生きていく過程で身につけていくもの。

ライラックマキシワンピース ¥25,000（マリハ／ショールーム セッション）
レースアップサンダル ¥35,000（チェンバー／ビームス ハウス 丸ノ内）
ベージュハット ¥16,200（ミュール バウアー／CA4LA ショールーム）

EPILOGUE

焦がれてやまなかった「心惹く雰囲気」は
持っていなかったわけではなく、身につける方法、
そして、それを魅せる方法を知らなかっただけのこと。

きっとひとは、生まれたときは、
無味無臭。
そこから、いろいろなものを見て、
感じて、触れて、その経験や思いが
自分と混じり合いながら、
雰囲気が作られていく。
だから、ぜひ今日から、
この本の中に書いてある「色気」を
感じ、触れ、体験してほしい。
そうすることで、
その感触は必ず自分の匂いと混じり、
そのひとだけの色気に変化していくはず。

EPILOGUE

顔や手足を劇的に変えることはできなくても、
まとう空気はいくらでも変えることができる。
１００万回会っても、まだ会いたいと思われ、
１００万回生まれ変わっても、
また自分に生まれ変わりたい、
そう思えてしまうくらい、
愛おしい自分になれるよう。心をこめて。

最後に、いつも支えてくださる
読者のみなさま、スタッフのみなさま、
心からありがとうございます。
両親、息子たち、主人に愛を込めて。

SHOP LIST

アナトリエ ミュゼ プリヴェ アトレ恵比寿店	03-5475-8313
アマン（ペリーコ）	03-6419-7240
伊勢丹新宿店	03-3352-1111
インターナショナルギャラリー ビームス	03-3470-3925
ヴァリアス ショールーム	03-3475-4920
H&M カスタマーサービス	0120-866-201
エナソルーナ 神宮前本店	03-3401-0038
KAORU ルミネ有楽町店	03-6269-9305
CA4LA ショールーム	03-5775-3433
GREED International Tokyo Store	03-6721-1310
ゲストリスト	03-6869-6670
コード	03-6447-0357
4K	03-5464-9321
シティ ニュウマン新宿店	03-5315-4333
ジャック・オブ・オール・トレーズ プレスルーム	03-3401-5001
ショールーム セッション	03-5464-9975
スタニングルアー 青山店	03-6418-4783
ツル バイ マリコ オイカワ	03-6826-8826
ナノ・ユニバース カスタマーサービス	0800-800-9921
ハウント代官山	03-6869-6670
バロックジャパンリミテッド	03-6730-9191
ビーミング ライフストア by ビームス コクーンシティ店	048-788-1130
ビームス ハウス 丸の内	03-5220-8686
フィルム	03-5413-4141
フラッパーズ	03-5456-6866
FRAY I.D ルミネ新宿2店	03-6273-2071
ベイジュ	03-6434-0975
ミラ オーウェン ルミネ新宿2店	03-6380-1184

※掲載アイテムは2018年4月現在のもので、入手できないものもあります。クレジット掲載のないものは著者私物です。

SHOP LIST

STAFF

book design
吉田憲司（TSUMASAKI）

photo
金谷章平 _STEP4-6, COVER
中島洸（まきうらオフィス）_STEP1-3

styling
石関靖子 _STEP4-6
*CHAPTER1-3はすべて本人私物

hair
津村佳奈（Un ami）

Digital work
三浦綾乃（DIGI + CAPSULE）

management
伊藤達哉（株式会社ケイダッシュ）

executive producer
谷口元一（株式会社ケイダッシュ）

special thanks
池上直子 木西まり

STAFF

神崎 恵

1975年生まれ。美容家であり、3人の息子を持つ母。アイブロウ／アイラッシュデザインのディプロマ取得。何気ない日常から特別な瞬間まで、あらゆる場面での女性の美しさを叶える応援をしている。ひとりひとりに合わせたメイクやビューティスタイルを提案するアトリエ「mnuit」を主宰しながら、美容誌をはじめ、幅広い世代の雑誌で連載を持つ他、全国各地にてイベントやメイク講座も数多く行っている。また、複数のコスメブランドのアドバイザーを務め、女性を美しく導くアイテムの開発、プロデュースなど活動の幅を広げている。自らあらゆるものを試し、本当にいいと実感できるものだけをすすめる、というスタンスが世代を問わず支持されている。書籍も数多く執筆し、累計発行部数は118万部を超える。

*blog*_ https://ameblo.jp/kanzakimegumi/
*twitter*_ @megumi_kanzaki
*instagram*_ @megumi_kanzaki

あの人《ひと》がいつも色《いろ》っぽいワケ
「なんか気《き》になる女《おんな》」になる。

2018年7月 1 日　第1刷発行
2018年7月25日　第3刷発行

著　者　神崎《かんざき》 恵《めぐみ》
発行者　佐藤 靖
発行所　大和《だいわ》書房
東京都文京区関口1-33-4
電話：03-3203-4511

本文印刷所　廣済堂
カバー印刷所　歩プロセス
製本所　ナショナル製本

ISBN978-4-479-78426-5